基本５文型

　英語には「語の並び方」にしっかりとしたルールがあります。「語の並び方」は基本的に５つの型（パターン）があり，これを「基本５文型」といいます。これは英文法の基礎の基礎ですから，下図を参考にして完璧に覚えましょう。動詞 (**V**) が何かによってほぼ文型が決まるので，動詞の理解は非常に重要です。

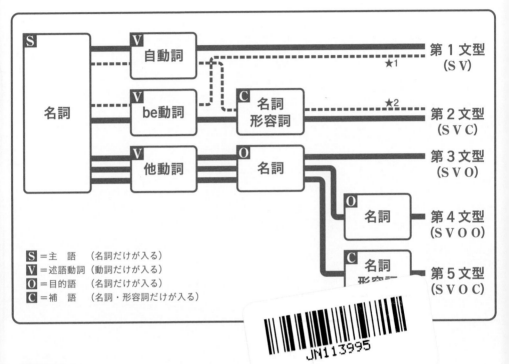

S ＝主　語　（名詞だけが入る）
V ＝述語動詞（動詞だけが入る）
O ＝目的語　（名詞だけが入る）
C ＝補　語　（名詞・形容詞だけが入る）

■注意点

★1…「be動詞」は基本的に「第２文型」をとるが，「　　　　　　　いる）」の意味で使う場合は「**第1
　　　文型**」をとる。例：My school **is** near the station. （私の学校は駅の近く**にある**。）
★2…「自動詞」は基本的に「第１文型」をとるが，become〔〜になる〕, look〔〜に見える〕など，「**S＝C**」を
　　　表す自動詞は「**第2文型**」をとる。例：He **became** a doctor.（彼は医者に**なった**。）

■重要ポイント

＊各文型の後ろには，修飾語が来る場合も多いが，文型には直接関係ない。
＊基本的に，英語は主語で始まる。主語の前に副詞（のかたまり）などの修飾語が入ることもあるが，文型
　には直接関係ない。
＊上図の「名詞」の前後には，その名詞を修飾する様々な語（形容詞の働きをする語）が付く場合も多いが，
　それら全体で「名詞」のかたまりだと考えること。
＊以下の文は，上記の「基本５文型」の例外。そのまま覚えること。
　①「**There is[are]** ..... 」の文
　②「**It is** ..... 」の文
　③**感嘆文** (How ... (**S V**) ! ／ What a[an] ... 〜 (**S V**) !) など
＊疑問文・否定文・命令文などは，この「基本５文型」が変形した文であるため，「例外」にはあたらない。

英文法
レベル別問題集
3 訂 版

2
初級編

東進ハイスクール・東進衛星予備校 講師
安河内 哲也
YASUKOCHI Tetsuya

まえがき

　受験生の皆さん，「英文法レベル別問題集」の世界へようこそ。このレベル別問題集シリーズは，「今の自分のレベルから無理なく始めて，志望校のレベルまで最短距離で実力を引き上げる」というコンセプトで作られています。

　また，すべての問題に一切の無駄を省いた的確な解説を付けることで，次々と解き進めるスピード感を保ちながら，自分のペースで独習できる問題集になるよう，さまざまな点に配慮して制作されました。

　どんな学習においても，スモールステップで，地盤を固めながら自分の実力レベルを引き上げていくことが，最も確実で，最も効率的な方法です。

　本シリーズでは，1冊で全レベルをカバーするのではなく，6段階（①〜⑥）の「レベル別」の問題集にすることで，個人のレベルに応じた，きめの細かい効率的な学習を可能にしました。

　例えば，有名私大・国立大学を目指す人は，レベル③・④で基礎を固め，最終的にレベル⑤を学習するとよいでしょう。また，英語をもう一度基礎からやり直したいと考えている人は，レベル①・②から学習を始めてください。

　このように，右ページのレベル対照表などを参考にしつつ，自分の今のレベルと志望校レベルに合った学習をおすすめします。下は公立高校受験レベルから，上は難関大学入試レベルまで，皆さんの現段階のレベルに合わせて使用できるようになっています。

　なお，今回の改訂によって，デザイン・内容等が一新されました。本書の洗練された見やすさ・使いやすさ，そしてわかりやすさを実感していただければ幸いです。さらに，単に「文法問題を解いて終わり」にするのではなく，ぜひ，本書に新しく追加された音声や動画を活用して繰り返し音読してください。最終的には，本書の問題文（英文）を耳で聞いてすべてわかるようになることを目指しましょう。

　このレベル別問題集シリーズを1つずつこなしていくたびに，自分の英語力が確実に一段ずつ上がっていくのを感じることでしょう。ぜひ，本シリーズで皆さんの英語力を高め，合格への階段を一段ずつのぼってほしいと思います。

著者

▼志望校レベルと本書のレベル対照表

難易度 ※1	偏差値 ※1	志望校レベル ※2		本書のレベル(目安)
		国公立大(例)	私立大(例)	
難 ↑	~67	東京大	国際基督教大(教養),慶應義塾大(商,理工,看護医療),早稲田大(法,社会科,人間科,基幹理工,創造理工,先進理工)	⑥ 最上級編
	66~63	東北大	上智大(経済,総合グロ),青山学院大(文,経済,理工,社会情報),明治大(商,政経,文,農,経営,国際日本,総合数理),中央大(法,経済,商,理工,文,総合政策,国際経営,国際情報),同志社大(文,社会,商,経済,法,政策,文化情報,理工,スポ健,心理,グロコミュ,グロ地域,生命医科,神)	
	62~60	名古屋市立大(薬),千葉大,静岡県立大(国際関係学部)	東京理科大(理,工,創域理工など),法政大(経済,社会,現代福祉,理工,デザイン工など),学習院大(法,経済,国際社会科,理),武蔵大(経済,人文,社会,国際教養),中京大(国際,文,心理,法など),立命館大(法,産業社会),成蹊大(文,理工)	⑤ 上級編
	59~57	静岡大,高崎経済大,山形大,岐阜大,和歌山大,島根大,群馬大(情報学部,理工学部)	津田塾大(学芸,総合政策),関西学院大(文,社会など),獨協大(外国語,国際教養など),國學院大(文,神道文化,法など),成城大(社会イノベ,文芸など),南山大(人文,外国語など),武蔵野大(文,グローバルなど),京都女子大(文,発達教育など),駒澤大(文,医療健康など),専修大(経済,法など),東洋大(文,経済,理工など),日本女子大(文,家政,理)	④ 中級編
	56~55	高知大,長崎大,鹿児島大,福島大(人文社会学群,農学群)	玉川大(文,経営,教育など),東海大(文,文化社会,法など),文教大(文,経営,国際など),立正大(心理,法,経営など),西南学院大(商,経済,法など),近畿大(法,経済,経営など),東京女子大(現代教養など),日本大(法,文理,経済など),龍谷大(文,経済,経営など),甲南大(文,経済,法など)	
	54~51	琉球大,長崎県立大,青森公立大,秋田県立大	亜細亜大(経営,経済など),大正大(文,仏教など),国士舘大(政経,法など),東京経済大(経営,コミュなど),名城大(経営など),武庫川女子大(文,教育など),福岡大(人文,経済など),杏林大(外国語など),京都産業大(経済など),創価大(教育など),帝京大(経済,文など),神戸学院大(経営,経済など)	③ 標準編
	50~	職業能力開発総合大	大東文化大(文,経済,外国語など),追手門学院大(法,文,国際など),関東学院大(経済,経営,法など),桃山学院大(経済,経営,法など),九州産業大(経済,商,国際文化など),拓殖大(商,政経など),摂南大(経済,経営,法など),札幌大(地域共創学群)	② 初級編
↓ 易	-	難関公立高校(高1・2生)	難関私立高校(高1・2生)	① 超基礎編
		一般公立高校(中学基礎~高校入門)	一般私立高校(中学基礎~高校入門)	

※1:主に文系学部(前期)の平均偏差値。偏差値は,東進模試によるおおよその目安です。
※2:このレベル対照表には,2021~2023年度の入試において文法問題が出題されていた大学・学部の一例を掲載しています。

3

改訂点と問題構成

　発売以来多くの受験生から支持を集め，ベストセラーとなったこの「英文法レベル別問題集」ですが，さらに優れた問題集になるよう，以下の点を徹底的に追求して改訂を行いました。

● 主な改訂点 ●

①デザインを一新し，より見やすく，シンプルで使いやすい問題集にした。
②「ポイント講義」の内容を増補・加筆修正し，例文も豊富に収録した。
③復習も含めてこの１冊でできるように，音声・動画を追加した。

　本シリーズは，旧版『英文法レベル別問題集【改訂版】』に引き続き，下記表のような問題構成になっています（収録している問題は，旧版と同一のものです）。英文法の全項目を，それぞれのレベルに合わせて何度も繰り返し学習することで，着実に得点力を上げていくことができるシステムになっています。

▶各レベルの文法項目と収録問題数

項目	①	②	③	④	⑤	⑥	合計
動詞	10	20	14	28	30	●	102 問
時制	10	10	14	14		●	48 問
助動詞	20	20		14		●	54 問
受動態	20		20			●	48 問
不定詞	20	10	28	14	10	●	82 問
動名詞	20	10	14		7	●	79 問
分詞	20		14	14	7	●	89 問
分詞構文			28	14	6	●	48 問
関係詞	20	20	28	28	30	●	126 問
比較	20	20	28	28	30	●	126 問
仮定法		10	28	28	30	●	96 問
名詞・代名詞	20	20		28	30	●	98 問
形容詞・副詞					30	●	30 問
前置詞・接続詞		20		28	30	●	78 問
否定					30	●	30 問
その他	20	20	20	20	30	●	126 問
合計	200 問	200 問	280 問	280 問	300 問	310 問	1570 問

※赤丸数字は問題数。「動詞・時制」など，１レッスンに２つの項目がある場合は問題数を二分割して計算。
※中間テスト（各レベルに計45〜60問あり）の問題数は含んでいません。
※レベル⑥の構成は文法項目ごとではない（問題形式ごとである）ため，問題数は表記していません。

レベル②の特徴

こんな人に最適！
☑ 高校に入ってから英語が苦手になった人
☑ 問題演習を通して英文法の基礎がためをしたい人
☑ 一般私大・一般国公立大合格を目指す人

レベル②の位置付け
　レベル①から，本格的な英文法学習の始まりにあたるレベル③への橋渡しをするのが，このレベル②の役割です。中学上級〜高校初級レベルの英文法項目がたくさん登場するなど，取り上げる項目も，基礎的なものを多く含みながら，**かなり本格的になってきます。**

　特に，関係代名詞と関係副詞の区別や仮定法は，これまで勉強したことがない人は少々苦労するかもしれません。心して臨みましょう。

　また，レベル①で学習した不定詞・動名詞・分詞なども，復習を重ねながらレベルアップしていきます。

頻出パターンを攻略する！
　レベル②からは，パターンとして暗記しなければならない重要表現や例文がたくさん出てきます。これらのパターンや例文は，ただルールとして暗記するだけではなく，何か身の回りのものを使って英作文してみるなど，有機的に学んでいく工夫をするとよいでしょう。

　特に，比較や不定詞・動名詞の学習では，覚えなければならない表現や例文がたくさん出てくるので，手を抜かずにしっかり勉強してください。

さらにレベルアップして文法力 UP を！
　このレベル②まで終われば，高校受験に関しては，どんな難関高校にも対応できる程度の英文法の力を身につけることができます。本書の問題を難なく解けるようになった人は，レベル③へと進み，さらなるレベルアップを図っていきましょう。

本書の使い方

❶ 問題を解く

　本書では，各レベルで必要な英文法を項目ごとに全10レッスンに分けています。各レッスンの最初に「学習ポイント」の講義があり，そのあと「問題」が収録されています。

● 本書全体の流れ ●

❶ポイント講義

　各レッスンの最初に，そのレッスンで扱う内容について簡単な講義を行います。各レベルで，どの点に注意して学習を進めていけばよいのか，**学習のポイント**を明確にします。重要な語句・表現は，例文とセットで確認しましょう。

※3〜4つのレッスンごとに中間テストがあります。それまでに扱った文法項目の中から出題されるので，❶と❷を復習してから取り組みましょう。

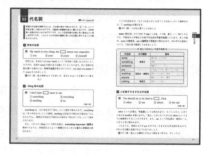

❷問題

各レッスンの問題数は20問です。入試問題のデータベースから，レベル・項目に応じて必要な良問を厳選して収録しています。問題には以下の2パターンがあります。

①**空所補充問題**…英文の空所を補う
②**整序問題**………英文を正しく並べ替える
※問題の一部を改編した場合は〈改〉と記してあります。

【問題（左ページ）】
間違えたり理解できなかったりした問題は□にチェックし，あとで再チャレンジしましょう。

 ＝このレベルで頻出する問題

 ＝このレベルでは難しい問題

【解答（右ページ）】
しおりや赤シートで隠し，1問ずつずらしながら学習することもできます。

 ＝基礎なので完全に理解したい解説

⚠ ＝要注意事項を述べた解説

② 音声・動画で復習する

　本書で学習した後は，付属の「**読み上げ音声**」と「**リスニング動画**」で復習しましょう。英文を繰り返し音読することで，リスニング力の向上にもつながります。**オーバーラッピング**（英文を見ながら音声と同時に音読する）や**シャドーイング**（音声を追いかけるように音読する）などに活用してください。

❶読み上げ音声の使い方

　「問題」で出題されているすべての問題文（英文・和訳）の読み上げ音声を聴くことができます（中間テストの問題を除く）。音声はレッスンごとに分けられており，「問1英文→問1和訳→問2英文→問2和訳→…」の順に流れます。音声ファイルの名称は下記のようにつけられています。

01 LV2 Lesson01 .mp3
トラック名　レベル　　レッスン

【音声の再生方法】

(1)**ダウンロードして聞く**（PC をお使いの場合）

　　「東進WEB書店 (https://www.toshin.com/books/)」の本書ページにアクセスし，パスワード「gwBLV21r5」を入力してください。mp3 形式の音声データをダウンロードできます。

(2)**ストリーミング再生で聞く**（スマートフォンをお使いの場合）

　　右の QR コードを読み取り，「書籍音声の再生はこちら」ボタンを押してパスワード「gwBLV21r5」を入力してください。

　　※ストリーミング再生は，パケット通信料がかかります。

❷リスニング動画の使い方

　画面に問題文（英文・和訳）が表示され，それに合わせて「問1英文→問1和訳→問2英文→問2和訳→…」の順に音声が流れます。再生される音声は❶の読み上げ音声と同じものです。

【動画の再生方法】

　右の QR コードを読み取ると，専用ページにアクセスできます。Lesson 01 ～ Lesson 10 が一覧になっているので，学習したいレッスンの URL を選んで視聴してください。専用ページをブックマーク（お気に入り）登録しておけば，本書を持ち歩かなくても復習ができます。

※本書に収録している音声は，アプリ「東進ブックス Store」の『英文法レベル別問題集【改訂版】』と同じ音声を使用しています。

▼本シリーズの学習内容全体図

① 超基礎編

01 動詞・時制
1 現在進行形　2 過去形
3 現在完了形

02 助動詞
1 shall を使った文
2 must の2つの意味
3 had better の用法

03 代名詞
1 所有代名詞　2 -thing形の名詞
3 人を表すさまざまな代名詞
4 再帰代名詞

04 受動態
1 受動態の作り方
2 受動態と時制　3 by 〜 の省略
4 made の後ろの前置詞の違い
5 感情を表す受動態

05 比較
1 比較級・最上級の作り方
2 比較の重要構文
3 不規則変化をする形容詞・副詞
4 基数と序数

06 不定詞
1 不定詞の基本3用法
2 疑問詞＋不定詞
3 ... enough to V構文
4 too ... to V構文
5 不定詞のみを目的語にとる動詞

07 動名詞
1 動名詞のみを目的語にとる動詞
2 前置詞の後ろの動名詞
3 主語の位置に来る動名詞

08 分詞
1 過去分詞　2 現在分詞
3 分詞の位置

09 関係代名詞
1 主格 (who, which, that)
2 目的格 (whom, which, that)
3 所有格 (whose)

10 その他
1 期間を表す前置詞
2 不可算名詞の数え方
3 疑問詞を用いた文

② 初級編

01 動詞
1 自動詞と他動詞
2 第2文型　3 第5文型

02 助動詞
1 must not と don't have to の違い
2 助動詞の慣用表現
3 助動詞の推量の意味

03 不定詞・動名詞
1 不定詞の形容詞的用法
2 形式主語
3 動名詞のみを目的語にとる動詞

04 分詞
1 Ving (能動の関係)
2 Vpp (受動の関係)
3 V+O+分詞
4 Ving (現在分詞) と Vpp (過去分詞)

05 比較
1 比較級・最上級の作り方
2 比較級を使った基本表現
3 倍数表現　4 比較の強調
5 比較級・最上級で不規則変化を
　する形容詞・副詞

06 関係詞
1 関係代名詞　2 関係副詞
3 関係代名詞の what と that の違い

07 前置詞・接続詞
1 前置詞 on の用法
2 till[until] と by の違い
3 時を表すいろいろな前置詞
4 命令文, and[or] S V

08 時制・仮定法
1 副詞節の中の時制
2 現在完了形　3 仮定法

09 名詞・代名詞
1 another の用法　2 other の用法
3 不可算名詞　4 不定代名詞

10 その他
1 付加疑問文　2 感嘆文
3 注意すべき副詞

③ 標準編

01 動詞・時制
1 自動詞と間違えやすい他動詞
2 まぎらわしい自動詞と他動詞
3 時・条件の副詞節

02 受動態
1 受動態の基本形　2 群動詞の受動態
3 受動態の進行形
4 感情を表す受動態
5 by 以外の前置詞が使われる受動態
6 受動態を使った書き換え

03 不定詞
1 不定詞の基本用法　2 形式主語
3 形式目的語　4 動詞+O+to V

04 動名詞
1 to Ving の熟語
2 動名詞のみを目的語にとる動詞
3 目的語が不定詞か動名詞かで意
　味の変わる動詞
4 受動態の動名詞・完了形の動名詞

05 分詞
1「させる」という意味を持つ動詞
2 付帯状況の with
3 have 〜 Vpp　4 get 〜 Vpp
5 補語としての分詞

06 分詞構文
1 分詞構文の基本形
2 受動分詞構文　3 独立分詞構文

07 関係詞
1 関係代名詞の目的格
2 関係代名詞の what　3 関係副詞

08 比較
1 比較の強調
2 比較を使った最上級　3 倍数表現
4 that of 〜 / those of 〜

09 仮定法
1 仮定法過去　2 仮定法過去完了
3 未来のことに対する仮定法
4 仮定法の基本形　5 I wish .....

10 その他
1 another の用法
2 so+be動詞 [助動詞] +S
3 疑問詞の how と what の違い
4 混同しやすい名詞
5 まぎらわしい前置詞

動
時
動
時
時
仮

8

④ 中級編

01 時制・助動詞
1 時・条件の副詞節
2 助動詞の慣用表現
3 助動詞＋have Vpp

02 不定詞・動名詞
1 原形不定詞
2 結果の不定詞
3 動名詞を使った慣用表現

03 分詞・分詞構文
1 知覚動詞＋O＋Ving[Vpp]
2 make oneself Vpp
3 分詞構文の時制のズレ
4 能動分詞構文と受動分詞構文

04 比較
1 no more, no less のイディオム
2 much less のイディオム
3 the 比較級 ......, the 比較級 ..... の表現
4 「同様に・・・・・」を表す構文

05 関係詞
1 前置詞＋関係代名詞
2 非制限用法 3 複合関係代名詞

06 仮定法
1 as if の構文
2 提案・要求・主張・命令の動詞を使った文 (仮定法現在)
3 「～がないならば」の表現

07 名詞・代名詞
1 指示代名詞 2 不可算名詞
3 注意すべき不可算名詞
4 無生物主語構文

08 前置詞・接続詞
1 前置詞 in の用法
2 that の慣用表現
3 接続詞と前置詞の書き換え
4 接続詞and, or, but を使った慣用表現

09 その他
1 類似形容詞の識別
2 few と little 3 almost の用法
4 時間やお金を表す文
5 部分否定と全否定

10 動詞の語法
1 多義動詞 2 第2文型
3 動詞 O to V 4 第4文型

⑤ 上級編

01 準動詞
1 分詞の形容詞的用法
2 分詞構文
3 動名詞のみを目的語にとる動詞

02 比較
1 as ... as any ～
2 否定＋比較級
3 none the 比較級 for ～

03 関係詞
1 関係代名詞の主格＋挿入句
2 前置詞＋関係代名詞の目的格
3 関係代名詞の what

04 仮定法
1 仮定法未来・倒置
2 仮定法の基本形
3 提案・要求・主張・命令の動詞を使った文 (仮定法現在)

05 否定
1 準否定語 2 部分否定
3 否定的な副詞句＋倒置

06 形容詞・副詞
1 形容詞の限定用法と叙述用法
2 まぎらわしい形容詞の識別
3 主語＋be動詞＋形容詞＋to V では使えない形容詞

07 名詞・代名詞
1 類似名詞の識別
2 名詞の持つ意外な意味
3 代名詞の those

08 前置詞・接続詞
1 to one's 感情名詞
2 前置詞＋抽象名詞
3 譲歩を表す as

09 その他
1 強調構文の疑問文
2 無生物主語構文
3 推量の助動詞 could, would

10 動詞の語法
1 注意すべき第2文型の動詞
2 第5文型で用いる動詞
3 注意すべき第4文型の動詞

⑥ 最上級編

01 空所補充問題
▶英文の空所にあてはまる、最も適当な語句を選ぶ問題

02 正誤問題
▶英文の中で、誤った英語表現を含む箇所を指摘する問題

03 整序問題
▶与えられた語句を並べ替えて正しい英文にする問題

04 その他
▶上記の形式以外の文法問題

※「⑥ 最上級編」は問題形式ごとにレッスンを分けています。これまでのレベルで学習した文法項目全体が出題範囲です。

→ 1つ上のレベルでつながっている文法事項

→ レベルをまたいでつながっている文法事項

本シリーズの「⑤ 上級編」「⑥ 最上級編」は2024年夏頃発売予定です。「⑤ 上級編」「⑥ 最上級編」で扱うトピックは変更となる場合があります。

もくじ ⊕学習記録

＊問題を解いたあとは得点と日付を記入し，付属の「読み上げ音声」を聴いたり，「リスニング動画」を視聴したりして繰り返し復習しましょう。

● **本書で使用する記号** ●

S＝主語　　V＝動詞（原形）　　O＝目的語　　C＝補語　　S V＝文・節（主語＋動詞）
V_p＝過去形　　V_{pp}＝過去分詞　　Ving＝現在分詞（or 動名詞）　　to V＝不定詞
～＝名詞　　.../…＝形容詞or副詞　　...../……＝その他の要素（文や節など）
［　］＝言い換え可能　　（　）＝省略可能　※英文中の（ ）の場合
A / B＝対になる要素（品詞は関係なし）

LV2
STAGE-1

英文法を理解するには，まず動詞をしっかりと押さえなければなりません。特に自動詞と他動詞，基本5文型の区別がその中心となります。腰を据えて，これらをじっくり理解してから英文法の勉強を始めることが大切です。

1 自動詞と他動詞

> 問 He was so tired that he ☐ down and slept.
>
> ① laid　　② lied　　③ lain　　④ lay
>
> 〔早稲田高〕

　まずは自動詞と他動詞について，それぞれの特徴を確認しましょう。動作がそれ自体で完結しているような意味を持ち，直後にピリオドを打って文を終了できる動詞を**自動詞**といいます。また，他に働きかけるような意味を持ち，直後に**目的語**（～を，～に，にあたる名詞）を必要とする動詞を**他動詞**といいます。

　自動詞と他動詞で，最も試験によく出るまぎらわしいものが，lie と lay の区別。lie（横たわる）は自動詞で，lie-lay-lain と活用します。lay（横たえる）は他動詞で，lay-laid-laid と活用します。空所の後ろには目的語にあたる名詞がないので，自動詞が入ると判断すること。文全体が過去形なので，④ lay を入れれば正解となります。

　答⇒④（訳：彼は非常に疲れていたので，横になって眠った。）

● まぎらわしい自動詞と他動詞 ●

☐ lie-lay-lain　＝自横たわる　例 The book lies on the desk.
（その本は机の上に横たわっている。）

☐ lay-laid-laid　＝他横たえる　例 He laid the book on the desk.
（彼は本を机に置いた。）

☐ rise-rose-risen　＝自上がる　例 The sun rises in the morning.
（朝に太陽が昇る。）

☐ raise-raised-raised ＝他上げる　例 Please raise your right hand.
（右手を上げてください。）

2 第2文型

> 問　Mother ☐ very sad this morning.
>
> ① said　　　② found　　　③ watched　　　④ looked
>
> 〔目白学園高〕

　動詞の学習で，さらに重要なのが，**基本5文型**の理解です。基本5文型というのは，動詞の使い方の5種類の分類で，これも自動詞と他動詞の区別が基本になってきます。**第1文型**で使う動詞は**自動詞**。**第2文型**で使う動詞は，後ろに形容詞や名詞を置いて，主語とイコールの関係を作る**be動詞**やbecomeなどの**自動詞**。**第3文型**で使う動詞は，目的語を1つとる**他動詞**。**第4文型**で使う動詞は，目的語を2つとる**他動詞**。**第5文型**で使う動詞は，後ろに目的語とその補足の言葉である補語をとる**他動詞**。第5文型のときには，目的語とその後ろに来る名詞や形容詞などの補語との間に「**O＝C**」の関係が成り立つことに注意しましょう。

　この問題では，主語と後ろの形容詞 sad との間に「母親＝とても悲しい」という関係が成り立ちます。イコールの関係をとる第2文型の動詞は，この中には④ looked しかありません。look C で，「C に見える」という意味で使われます。

　答⇒④（訳：今朝，母はとても悲しそうだった。）

● **第2文型で使われる動詞** ●

☐ **look C**　　　　　　　　　＝Cに見える

　例 The pie **looks** delicious.

　　（そのパイはおいしそうに見える。）

- -

☐ **become C = get C**　　　＝Cになる

　例 The weather **became** rainy.

　　（天気は雨になった。）

- -

☐ **keep C**　　　　　　　　　＝Cのままである

　例 Please **keep** quiet in this room.

　　（この部屋では静かにしていてください。）

3 第5文型

> 問 I ☐ the movie a very good one.
>
> ① knew ② found ③ liked ④ looked
>
> 〔明治大付属明治高〈改〉〕

　空所の後ろには the movie という目的語と，the movie とイコールの関係で結ばれる a very good one（とても良いもの）という2つの要素が来ています。the movie が目的語で a very good one は目的語を補う**補語（C）**です。この中で，イコールで結ばれる2つのものを後ろにとる第5文型で使われる動詞は，find の過去形② found だけ。find **O C** で「O が C だとわかる」という意味です。

　答⇒②（訳：私はその映画がとても良いものだとわかった。）

● **第5文型で使われる動詞** ●

☐ make **O C**　　　　　　＝OをCにする

　例 I made the photos bigger.
　　（私は写真を大きくした。）

☐ keep **O C**　　　　　　＝OをCにしておく

　例 Please keep the door closed.
　　（ドアを閉めたままにしてください。）

☐ think **O C**　　　　　　＝OをCだと思う

　例 He thought the exam easy.
　　（彼は試験を簡単だと思った。）

☐ feel **O C**　　　　　　＝OをCだと感じる，思う

　例 I felt the volunteer activity interesting.
　　（私はボランティア活動を面白いと感じた。）

☐ find **O C**　　　　　　＝OがCだとわかる

　例 Jane found the painting beautiful.
　　（ジェーンはその絵が美しいとわかった。）

1つの動詞でも，さまざまな違った形で使うことがあります。例文や問題演習を通じて少しずつ動詞の使い方を覚えていきましょう。

● 基本5文型 ●

【文型】   【動詞 (V)】

第1文型：S＋V ……………………… 自動詞

例 <u>We</u> <u>laughed</u>.　（私たちは笑った。）
 S V

例 <u>She</u> <u>went</u> <u>to school yesterday</u>.　（彼女は昨日学校に行った。）
 S V   M

第2文型：S＋V＋C ……………… イコールの働きの動詞

例 <u>She</u> <u>looks</u> <u>so happy</u> <u>today</u>.　（彼女は今日とても幸せそうだ。）
 S V C M

例 <u>That statue</u> <u>is</u> <u>big</u>.　（あの像は大きい。）
  S   V C

第3文型：S＋V＋O ……………… 他動詞

例 <u>You</u> <u>can answer</u> <u>the question</u>.　（その質問に答えて構いませんよ。）
 S V   O

第4文型：S＋V＋O_1＋O_2 ……… O（目的語）を2つとる他動詞

※「O_1＝人」「O_2＝もの」の組み合わせが多い

例 <u>She</u> <u>told</u> <u>me</u> <u>her secret</u>.　（彼女は私に秘密を教えてくれた。）
 S V O_1 O_2

第5文型：S＋V＋O＋C ……… 後ろにO＝Cの関係を作る他動詞

例 <u>You</u> <u>should leave</u> <u>her</u> <u>alone</u>.　（彼女を一人にしておくべきだ。）
 S   V   O C

※ M は副詞や前置詞句などの修飾語句のこと

問 1：次の英文の空所に入れるのに最も適当なものを選べ。

☐ 1 He will ⌷ 1 ⌷ Kyoto tomorrow.

① reach　　　　　　② come

③ arrive　　　　　　④ get

〔洛星高〕

頻出 ☐ 2 She ⌷ 2 ⌷ her plans with her mother.

① discussed to　　　　② discussed about

③ discussed on　　　　④ discussed

〔日大習志野高〕

☐ 3 It ⌷ 3 ⌷ me 100 dollars to get a new bicycle.

① needed　　　　　　② took

③ cost　　　　　　　④ spent

〔東海大付属浦安高〕

☐ 4 Don't ⌷ 4 ⌷ the train. It takes too much time.

① stop　　　　　　　② miss

③ catch　　　　　　④ take

〔芝浦工大柏高〕

☐ 5 He ⌷ 5 ⌷ the soccer team.

① belongs　　　　　　② is belonged

③ belongs to　　　　④ is belonging to

〔芝浦工大柏高〕

難 ☐ 6 Will you ⌷ 6 ⌷ me your pencil?

① keep　　　　　　　② lend

③ rent　　　　　　　④ borrow

〔関東第一高〈改〉〕

答1 彼は明日京都に着くだろう。

$\boxed{1}$ ⇒① reach

きそ ▶「～に**到着する**」という表現は，reach, arrive, get の３つがあります。それぞれの違いに注意して覚えましょう。reach は**他動詞**なので，**reach ～** というように直接後ろに目的語を置くことができます。一方，arrive や get は**自動詞**なので，それぞれ **arrive at[in] ～，get to ～** と後ろに前置詞が必要になります。

答2 彼女は彼女の計画を母と話し合った。

$\boxed{2}$ ⇒④ discussed

▶「～について**論じる**」という日本語で考えると，about を付けたくなりますが，**discuss** は他動詞なので，直後には目的語として名詞を置かなければなりません。discuss の後ろに前置詞がない④ discussed を選びましょう。

答3 新しい自転車を手に入れるのに 100 ドルかかった。

$\boxed{3}$ ⇒③ cost

▶空所の後ろには，me と 100 dollars という２つの目的語が置かれているので，第４文型をとる動詞が入るとわかります。「**cost 人 金**」の形で，「**人にお金がかかる**」という意味になるので③ cost が正解。cost の活用は cost-cost-cost。

答4 電車は使わないで。時間がかかりすぎるよ。

$\boxed{4}$ ⇒④ take

▶「電車に**遅れる**」は **miss** the train，「電車に**間に合う**」は **catch** the train，「電車に**乗る**」は **take** the train を使います。ここでは，後ろに「時間がかかりすぎるよ」とあるので，文脈から「電車に乗る」という意味の④ take が正解だとわかります。

答5 彼はそのサッカーチームに所属している。

$\boxed{5}$ ⇒③ belongs to

⚠ ▶ **belong to ～** は「～に属する」という意味の重要熟語。belong は自動詞なので，後ろに名詞を置く場合には前置詞の to が必要となります。さらに，belong to ～ は**状態を表す表現**なので，**現在進行形にはできない**ことに注意。ここでは，現在形の③ belongs to を選びましょう。

答6 あなたの鉛筆を貸していただけますか。

$\boxed{6}$ ⇒② lend

▶第４文型をとって「**人に物を貸す**」という意味になる表現は「**lend 人 物**」。ここでは，空所の後ろに me と your pencil という２つの目的語が来ているので，② lend が正解です。ちなみに，④ **borrow** は「（無償で）借りる」という意味。③ **rent** は「賃貸借する」，つまりお金を払ったりもらったりして物を貸し借りするという意味です。

□ 7　He ⌊7⌋ his son a doctor.

　　① became　　　　② did
　　③ made　　　　　④ helped

〔駒澤大高〕

頻出 □ 8　I was so tired that I ⌊8⌋ down and slept.

　　① lay　　　　　② laid
　　③ lain　　　　　④ lied

〔東海大付属浦安高〕

□ 9　In Paris I could not ⌊9⌋ myself understood in French.

　　① make　　　　　② set
　　③ put　　　　　　④ let

〔東海大付属市原望洋高〕

難 □ 10　I don't remember how to ⌊10⌋ "Thank you" in French.

　　① tell　　　　　② say
　　③ talk　　　　　④ speak

〔洛星高〕

答7 彼は息子を医者にした。

　　　7 ⇒ ③ made

　　▶ make は第5文型の形で使われた場合，**make O C** で「**O を C にする**」という意味になります。**O** の部分には名詞，**C** の部分には名詞か形容詞の働きをするものが来て，**O** と **C** はイコールで結ぶことができなければなりません。ここでは，「彼の息子＝医者」という関係が成り立っています。

答8 私は非常に疲れていたので横になって眠った。

　　　8 ⇒ ① lay

　⚠ ▶ 自動詞 **lie**（横たわる）の活用は，**lie-lay-lain**。他動詞 **lay**（横たえる）の活用は，**lay-laid-laid**。ここでは，後ろに目的語が来ていないので，自動詞だとわかります。また，過去のことをいっているので，lie の過去形である① lay を選びましょう。

答9 パリで私はフランス語を理解してもらえなかった。

　　　9 ⇒ ① make

　きそ ▶ **make oneself understood** は，「**自分の考えを理解してもらう**」という意味の重要熟語。この make は，**make O C**（O を C にする）という第5文型の形で使われています。understood は understand の過去分詞で，「理解された」という受身の意味の形容詞です。そのため，make oneself understood で「oneself（自分自身）を理解された状態にする」つまり，「自分の考えを理解してもらう」という熟語になります。

答10 私はフランス語で「ありがとう」をどのように言うのか覚えていない。

　　　10 ⇒ ② say

　　▶ **tell**（伝える）は他動詞で，**人**や**物語**などを目的語にとります。また，**say**（言う）は他動詞で，**言葉**などを目的語にとります。**talk**（おしゃべりをする）は自動詞。**speak**（話す）も自動詞ですが，English（英語）などの**言語**を目的語とする場合は他動詞として使われます。ここでは，後ろに "Thank you" という引用符で囲まれた**言葉**が目的語として直接来ているので，他動詞の② say を選びましょう。

問2：日本文に合う英文になるように選択肢の語を並べ替え，空所に入るものを選べ。

☐ **11** その本を 2，3 日貸してください。

Please ____ [11] ____ ____ ____ ____ [12] ____ .

① a ② book ③ few ④ days
⑤ the ⑥ for ⑦ me ⑧ lend

〔城北高〕

☐ **12** あそこで歌っている少女はうれしそうです。

____ [13] ____ ____ ____ ____ [14] ____ .

① singing ② who ③ the ④ happy
⑤ there ⑥ girl ⑦ is ⑧ seems

〔志学館高〈改〉〕

☐ **13** ジムは息子の 15 歳の誕生日に，ギターをプレゼントした。

____ [15] ____ [16] ____ ____ on his fifteenth birthday.

① a ② gave ③ his ④ Jim
⑤ guitar ⑥ son

〔正則高〕

☐ **14** おじさんからの手紙を読んで彼女はうれしかった。

____ [17] ____ ____ ____ [18] ____ ____ .

① made ② her ③ her ④ letter
⑤ uncle ⑥ the ⑦ from ⑧ happy

〔郁文館高〕

☐ **15** 学校には仲の良い友達が大勢います。

____ [19] ____ [20] ____ ____ ____ my school.

① a ② in ③ I ④ have
⑤ of ⑥ friends ⑦ lot ⑧ good

〔東海大付属浦安高〕

頻出 ☐ **16** あなたはその質問が易しいのがわかるでしょう。

You ____ [21] ____ ____ [22] ____ .

① question ② the ③ easy ④ find
⑤ will

〔正則高〕

答11 Please lend **me** the book for a **few** days.

[11] ⇒ ⑦　[12] ⇒ ③　(8-**7**-5-2-6-1-**3**-4)

▶ lend という動詞は第4文型をとり，「lend 人 物」の形で「人に物を貸す」という意味になります。また，この表現は「lend 物 to 人」と書き換えることもできます。

答12 The **girl** who is singing there **seems** happy.

[13] ⇒ ⑥　[14] ⇒ ⑧　(3-**6**-2-7-1-5-**8**-4)

▶ seem という動詞は後ろに形容詞を置いて，「…に見える，…に思える」という意味で使うことができます。主語は「あそこで歌っている少女」なので，The girl の後ろに関係代名詞の who を置いて表します。

答13 Jim **gave** his **son** a guitar on his fifteenth birthday.

[15] ⇒ ②　[16] ⇒ ⑥　(4-**2**-3-**6**-1-5)

▶ give という動詞は，「**give 人 物**」という第4文型の形で「**人に物を与える**」という意味になります。これは，「**give 物 to 人**」にも書き換えることができます。

答14 The **letter** from her uncle **made** her happy.

[17] ⇒ ④　[18] ⇒ ①　(6-**4**-7-2(3)-5-**1**-3(2)-8)

▶ make という動詞は，さまざまな文型で使うことができますが，第5文型の **make O C（O を C にする）**という形は特に重要です。なお，O の部分には必ず名詞，C の部分には名詞や形容詞が置かれることに注意しましょう。

答15 I **have** a **lot** of good friends in my school.

[19] ⇒ ④　[20] ⇒ ⑦　(3-**4**-1-7-5-8-6-2)

▶「～がいる，～がある」と言う場合，英語では have を使うことができます。例えば，「私たちの学校には図書館がある」は，Our school **has** a library. と表すことができます。ここでも，友達がいることを have を使って表現しています。

答16 You will **find** the **question** easy.

[21] ⇒ ④　[22] ⇒ ①　(5-**4**-2-1-3)

▶ find という動詞は，第5文型の **find O C** という形で，「**O が C だとわかる**」という意味で使うことができます。O の部分には必ず名詞，C の部分には形容詞や名詞が置かれることに注意しましょう。

☐ **17** 田舎へドライブに行きましょう。

_____ 23 _____ 24 _____ _____ .

① a drive ② for ③ go ④ let's

⑤ the country ⑥ in

〔正則高〕

☐ **18** この夏はとても雨が少なかった。

We _____ 25 _____ 26 _____ .

① this ② rain ③ little ④ summer

⑤ very ⑥ had

〔東海大付属市原望洋高〕

◆ ☐ **19** ここから家まで電車で1時間かかります。

It _____ 27 _____ _____ 28 _____ by train.

① an hour ② from ③ my house ④ to

⑤ here ⑥ takes

〔貞静学園高〕

☐ **20** 彼から月に2回便りがあります。(1語不要)

I _____ 29 _____ 30 _____ _____ .

① twice ② hear ③ letter ④ a

⑤ him ⑥ month ⑦ from

〔東京工業大学附属工業高〕

答17 Let's **go** for **a drive** in the country.

23 ⇒ ③　24 ⇒ ①　(4-3-2-1-6-5)

(きそ) ▶「ドライブに行く」は，**go for a drive** と表現できます。go という動詞は自動詞なので，後ろに名詞を続ける場合には，必ず前置詞を置かなければならないことにも注意しましょう。

答18 We had **very** little **rain** this summer.

25 ⇒ ⑤　26 ⇒ ②　(6-5-3-2-1-4)

⚠ ▶「雨が降る」という表現は，it を主語にして，It rains. と言うことができます。また，一般の人々を表す we[they] を主語にして，We[They] have rain. とすることもできます。rain のような数えられない名詞に対して「多い〜／少ない〜」と言いたいときは，「much 〜 / little 〜 」を使います。

答19 It takes **an hour** from here **to** my house by train.

27 ⇒ ①　28 ⇒ ④　(6-1-2-5-4-3)

▶「時間がかかる」という表現は，時間を表す it を主語にして，「**It takes**（人）時間」という形を使います。これは，「（人に）時間がかかる」という意味です。また，「**It costs**（人）金」という形は「（人に）お金がかかる」という意味です。

答20 I hear **from** him **twice** a month.

29 ⇒ ⑦　30 ⇒ ①　(2-7-5-1-4-6)　不要＝③ letter

▶「便りがある」という意味を表現するには，**hear from 〜**（〜から便りがある）という熟語を使います。この反対にあたるのは，**write to 〜**（〜に手紙を書く）。「月に2回」は，twice a month と言います。この a には「〜につき」の意味が含まれています。

REVIEW

自動詞と他動詞の違いについて，理解できましたか？　自動詞は目的語を必要とせず，直後にピリオドを打って文を完結できる動詞ですが，実際には後ろに副詞や前置詞句を伴って使われることがほとんどです。自動詞と他動詞両方の使い方をする動詞もたくさんあります。大切なのは，違いを一度理解したうえで，後はたくさんの例文に触れて自然と使い分けができるようになることです。

SCORE	1st TRY	2nd TRY	3rd TRY	CHECK YOUR LEVEL	
	/30点	/30点	/30点		▶ 0 〜 19点 ➡ *Work harder!* ▶ 20 〜 24点 ➡ *OK!* ▶ 25 〜 28点 ➡ *Way to go!* ▶ 29 〜 30点 ➡ *Awesome!*

動詞の前に置かれて，動詞に可能や推量などの意味を付け加える働きをするのが助動詞。助動詞というと，can や will などがすぐに頭に思い浮かぶと思いますが，例えば had better や used to のような表現も助動詞とみなされます。ここでは，入試に頻出の助動詞の問題と，さまざまな助動詞の区別の仕方を学んでいきます。

1 must not と don't have to の違い

> 問 "Must I come by five o'clock?" "No, you ☐ . You can come anytime."
>
> ① mustn't　　　　　② can't
>
> ③ don't have to　　④ may not
>
> 〔駒込高〕

　must という助動詞は単独で使われると，後ろに動詞の原形 (**V**) をとって「**V** しなければならない，**V** するにちがいない」などの意味になります。これに not を付けて，must not **V** とすると「**V** してはならない」という**禁止**の意味になります。「**V** しなくてよい」という意味にはならないことに注意してください。

　「**V** しなくてよい」という意味を表現するには，don't have to **V**, don't need to **V**, need not **V** などの表現が使われます。need not **V** という表現での need は**助動詞**として使われていることにも注意しておきましょう。

　ここでは，空所の後ろに「いつ来てもよい」という表現があるので，空所に入るのは「**V** しなくてもよい」という意味を表す助動詞だということがわかります。答えは③ don't have to です。to の後ろに続くはずの come という動詞は，反復してくどいという理由で省略されているので to で終わっています。

　答⇒③ （訳：「5時までに来なくてはなりませんか。」「いいえ，そうしなくてもいいです。いつ来てもいいですよ。」）

● must not と don't have to ●

☐ must not **V**　　　　＝ V してはならない［禁止］

☐ don't have to **V**
☐ don't need to **V**　　＝ V する必要はない
☐ need not **V**

---

2 助動詞の慣用表現

問　It looks like rain. We had better ☐ our umbrellas with us.

①	carry　　②	carrying　　③	carried　　④	to carry

〔日大鶴ヶ丘高〕

had better **V**（**V** した方がよい）は，2 語で 1 つの助動詞の働きをする重要表現。助動詞の後ろには**原形**の動詞を置かなければならないので，① carry を選ぶこと。

さらに頻出なのが had better の否定で，やはり助動詞＋ not と同様の形をとって，had better **not V** という形を使わなければなりません。×had **not** better としないように注意。ちなみに，had better **V** は非常に強い表現で，親が子に言い聞かせるような場合に使われます。

答⇒①（訳：雨が降りそうだ。傘を持っていった方がいい。）

● 助動詞の慣用表現 ●

☐ had better **V**　　　　＝ V した方がよい
例 You had better put on your seat belt.
（シートベルトを着けた方がよい。）

☐ ought to **V**　　　　＝ V すべきだ
例 You ought to prepare for the exam.
（試験のために準備するべきですよ。）

☐ had better **not V**　　　　＝Ｖ しない方がよい

　例 You had better **not** stay up late.
　　（夜遅くまで起きていない方がいいですよ。）

☐ ought **not to V**　　　　＝Ｖ すべきではない

　例 You ought **not** to eat too many snacks.
　　（あまりにたくさんのおやつを食べるべきではありません。）

☐ used to **V**　　　　＝昔は Ｖ したものだった

　　　　　　　　　　　（過去の規則的な習慣，状態や事実）

　例 There used to be a shopping mall.
　　（そこにはかつてショッピングモールがあった。）

☐ would (often) **V**　　　　＝昔は Ｖ したものだった

　　　　　　　　　　　（過去の不規則的な習慣）

　例 When I was a child, I would often forget my homework.
　　（子どもの頃，私はよく宿題を忘れたものだった。）

☐ need not **V**　　　　＝Ｖ しなくてよい

　= don't have to **V**

　= don't need to **V**

　例 You need not come to school tomorrow, because it's Saturday.
　　（明日は学校に来なくてもいいですよ，土曜日なので。）

3 助動詞の推量の意味

> 問　You ☐ because you have walked for a long time.
>
> ① will be tired　　　　② must be tired
>
> ③ may not be tired　　④ cannot be tired
>
> 〔専修大松戸高〕

　文の後半に「長い間歩いたので」とあるから，普通に考えれば主語の You は疲れているはず。状況からはっきりしていることを断定的に推量する場合には，「**V** するにちがいない」という意味で must を使うことができます。「**V** するにちがいない」という意味の must の後ろにはたいてい be 動詞が来ます。

　答⇒② (訳：長い間歩いたので，あなたは疲れているにちがいない。)

───── ● 助動詞の推量の意味 ● ─────

☐ **must be** .....　　　　＝ ‥‥‥ にちがいない

　例 It must be so hard to get such a good grade.

　　（そんな良い成績を取るのはとても大変にちがいない。）

‥‥‥‥‥‥‥‥‥‥‥‥‥‥‥‥‥‥‥‥‥‥‥‥‥‥‥‥

☐ **should be** .....　　　＝ ‥‥‥ なはずだ

　例 You should be fine because you have studied hard enough.

　　（十分頑張って勉強したのだから，きっと大丈夫なはずだ。）

‥‥‥‥‥‥‥‥‥‥‥‥‥‥‥‥‥‥‥‥‥‥‥‥‥‥‥‥

☐ **can be** .....　　　　＝ ‥‥‥ かもしれない

　例 It can be difficult to get there in time.

　　（遅れずに到着するのは難しいかもしれない。）

問1：次の英文の空所に入れるのに最も適当なものを選べ。

☐ 1 Yoshiko ☐1 be in Osaka, because I saw her at Tokyo Station only a few minutes ago.

① mustn't ② may not

③ isn't able to ④ can't

〔東海大付属浦安高〕

☐ 2 Must I go there? —— No, you ☐2 .

① may not ② must not

③ don't have to ④ can't

〔東海大付属浦安高〈改〉〕

◆難 ☐ 3 You have a high fever, so you ☐3 go to school today.

① had not better to ② had not better

③ had better not ④ had better not to

〔日大習志野高〕

頻出 ☐ 4 " ☐4 we go to the park?" "Yes, let's."

① Will ② Would

③ Shall ④ Should

〔目白学園高〕

☐ 5 A drowning man ☐5 catch at a straw.

① will ② should

③ need ④ would

〔貞静学園高〕

☐ 6 He ☐6 to go fishing in the river.

① might ② would

③ used ④ could

〔東京学館浦安高〕

答1 ヨシコが大阪にいるはずがない。なぜならほんの数分前，私は彼女に東京駅で会ったからだ。

[1] ⇒ ④ can't

▶「私はヨシコに東京駅で数分前に会った」のだから，空所にはヨシコが大阪にいる「はずはない」という意味の助動詞が入ります。「‥‥‥ **はずはない**」という意味の助動詞は，**can't** もしくは **cannot**。

答2 私はそこに行かなくてはいけませんか。いいえ，その必要はありません。

[2] ⇒ ③ don't have to

⚠ ▶ **must** は「**V しなければならない**」という意味の助動詞ですが，must not は禁止を表して，「**V してはならない**」という意味になります。「**V する必要がない**」と表現するときには，**don't have to V** や **don't need to V**，または **need not V** などの形を使わなければなりません。

答3 あなたはひどい熱があるから，今日は学校へ行かない方がよい。

[3] ⇒ ③ had better not

▶ **had better V** は「**V した方がよい**」という表現ですが，この表現を否定にする場合には，had better **not** V としなければなりません。×had **not** better としないように，not の位置に注意しましょう。

答4 「公園に行きませんか。」「はい，行きましょう。」

[4] ⇒ ③ Shall

▶助動詞 shall を使った **Shall we V ?** という表現は，「**V しましょう。**」という **Let's V.** と同じ意味になります。この問いかけに対しては，「Yes, let's.」という答え方をするので，こちらもしっかりと覚えておきましょう。

答5 おぼれる者はわらをもつかむ。(ことわざ)

[5] ⇒ ① will

▶助動詞 will は，未来を表すのと同時に，主語の習性や必然的に起こる事柄を表して，「**V するものだ**」という意味で使われます。この文はことわざなので，丸ごと覚えておきましょう。

答6 彼はその川に釣りに行ったものだった。

[6] ⇒ ③ used

きそ ▶「**昔は V したものだった**」という意味を表すには，**used to V** という表現を使います。used to V は，過去の規則的な習慣や状態を表す頻出表現です。「used to」が1つの助動詞の働きをしていると考えましょう。

7 You ☐7☐ to use this English dictionary. I think it is much better.

① must   ② may
③ ought   ④ should

〔東京工業大學附属工業高〈改〉〕

[頻出] **8** This movie was extremely interesting. You ☐8☐ have come with us.

① should   ② would
③ must   ④ will

〔英検準2級〕

9 Something ☐9☐ have happened to Bob yesterday. He looked very sad at school.

① would   ② ought to
③ must   ④ should

〔英検準2級〕

10 " ☐10☐ I wash your car?" "No, thank you."

① Will   ② Shall
③ Do   ④ Can

〔東京工業大學附属工業高〈改〉〕

答7 あなたはこの英語の辞書を使うべきだ。私はこの方がずっとよいと思う。

    7 ⇒ ③ ought

▶空所の後ろに to が来ていることに注意。① must，② may，④ should などの助動詞は，後ろに動詞の原形をとるので不正解。**ought to V** は，「**V すべきだ，V するはずだ**」という **should V** と同じ意味を表します。

答8 この映画はとても面白かった。あなたは私たちと来るべきだったのに。

    8 ⇒ ① should

▶助動詞の後ろに完了形を置くと，現在から過去のことを推量したり，後悔したりする表現になります。例えば，**should have V$_{pp}$** は「**V すべきだったのに**」という，過去に対する後悔を表します。ちなみに，**must have V$_{pp}$** は過去に対する強い推量を表し，「**V したにちがいない**」という意味です。

答9 昨日ボブに何か起きたにちがいない。彼は学校でとても悲しそうに見えた。

    9 ⇒ ③ must

⚠ ▶「ボブは学校で悲しそうに見えたから，昨日何かあったにちがいない」と強く推量しています。過去に対する強い推量を表すには，**must have V$_{pp}$**（**V したにちがいない**）という形を使います。ちなみに，should have V$_{pp}$ や ought to have V$_{pp}$ は「**V すべきだったのに**」という，過去に対する後悔を表す表現です。

答10 「あなたの車を洗いましょうか。」「いいえ，結構です。」

    10 ⇒ ② Shall

きそ ▶ shall という助動詞を使って，**Shall I V ?** とすると「**V しましょうか。**」という意味になります。これに答える場合には，「**Yes, please.（はい，お願いします。）／ No, thank you.（いいえ，結構です。）**」という表現を使うことにも注意しておきましょう。

問2：日本文に合う英文になるように選択肢の語を並べ替え，空所に入るものを選べ。

□ **11** 私の父は私に最善を尽くすようにとよく言ったものでした。（1語不要）

My father ＿＿＿ | 11 | ＿＿＿ ＿＿＿ ＿＿＿ | 12 | ＿＿＿ best.

① say ② my ③ do ④ tell
⑤ would ⑥ me ⑦ to ⑧ often

〔日本大高〕

[頻出] □ **12** あなたはできるだけたくさん本を読むべきです。

You ＿＿＿ | 13 | ＿＿＿ ＿＿＿ | 14 | ＿＿＿ ＿＿＿ you can.

① as ② as many ③ books ④ to
⑤ read ⑥ should ⑦ try

〔目白学園高〕

[難] □ **13** この部屋ではそんなに騒がない方がいいよ。

You ＿＿＿ | 15 | ＿＿＿ | 16 | ＿＿＿ ＿＿＿ ＿＿＿ ＿＿＿ .

① noisy ② not ③ so ④ this room
⑤ be ⑥ better ⑦ had ⑧ in

〔東洋大附属牛久高〕

□ **14** 今日，あなたは犬を散歩に連れていく必要がない。（1語補足）

You ＿＿＿ | 17 | ＿＿＿ | 18 | ＿＿＿ ＿＿＿ ＿＿＿ ＿＿＿ today.

① take ② don't ③ for ④ the
⑤ have ⑥ a ⑦ walk ⑧ dog

〔法政大高〕

[頻出] □ **15** ボブは5時までにその仕事を終えなければならない。（1語不要）

Bob ＿＿＿ | 19 | ＿＿＿ ＿＿＿ | 20 | ＿＿＿ by five.

① must ② work ③ the ④ will
⑤ doing ⑥ to ⑦ finish ⑧ have

〔常総学院高〕

□ **16** あなたは夜遅く散歩をしない方がよい。

You ＿＿＿ | 21 | ＿＿＿ | 22 | ＿＿＿ ＿＿＿ ＿＿＿ at night.

① not ② a ③ better ④ take
⑤ late ⑥ walk ⑦ had

〔植草学園文化女子高〕

答11 My father would **often** tell me to **do** my best.

⎡11⎤ ⇒ ⑧　⎡12⎤ ⇒ ③　(5-**8**-4-6-7-**3**-2)　不要＝① say

▶ would often V（昔は V したものだった）は，過去の**不規則な習慣**を表す表現。often を省略して would だけでも表すことができます。ちなみに，**used to V** では過去の**規則的な習慣や状態**を表すことができます。

答12 You should **try** to read **as many** books as you can.

⎡13⎤ ⇒ ⑦　⎡14⎤ ⇒ ②　(6-7-4-5-**2**-3-1)

▶「**V すべきだ**」という義務を表すには，**should** という助動詞を使うこと。この should は ought to にも書き換えることができます。また，**as ... as ~ can** は「〜にできるだけ…」という意味の重要表現。これは，**as ... as possible** とも書き換えることができます。

答13 You had **better** not be so noisy in this room.

⎡15⎤ ⇒ ⑥　⎡16⎤ ⇒ ⑤　(7-6-2-5-3-1-8-4)

▶ **had better V** は「**V した方がよい**」という表現で，これを否定文にすると had better **not** V（**V しない方がよい**）としなければなりません。「had better」で 1 つの助動詞だと考え，×had **not** better としないことに特に注意してください。

答14 You don't **have** to **take** the dog for a walk today.

⎡17⎤ ⇒ ⑤　⎡18⎤ ⇒ ①　(2-5-X-1-4-8-3-6-7)　補足＝ to

▶「**V する必要がない**」という表現は，**don't have to V，don't need to V，need not V** という形で表すことができます。これらと，「**V してはならない**」という禁止の意味を表す **must not V** は，区別して覚えておくこと。

答15 Bob will **have** to finish **doing** the work by five.

⎡19⎤ ⇒ ⑧　⎡20⎤ ⇒ ⑤　(4-8-6-7-**5**-3-2)　不要＝① must

▶ must と have to のどちらを使うか迷う問題。両方「**V しなければならない**」という意味ですが，未来を表す助動詞の will と一緒に使えるのは，must ではなく have to の方です。だからここでは，will と have to を組み合わせて，**will have to V（V しなければならないだろう）**としましょう。

答16 You had **better** not take a walk late at night.

⎡21⎤ ⇒ ③　⎡22⎤ ⇒ ④　(7-3-1-4-2-6-5)

▶ **had better V** は，「**V した方がよい**」という意味の重要表現。これを否定にすると had better **not** V となります。×had **not** better としないように注意。「散歩をする」は **take a walk**。「散歩に出かける」は go (out) for a walk と言います。また，「夜遅く」は late at night と言います。

◆難 ☐ **17** この本をどこで買ったらよいか，彼に聞いてもいいですか。

___ ___ 23 ___ ___ ___ 24 ___ ___ ___?

① to   ② this book   ③ ask   ④ where

⑤ I   ⑥ him   ⑦ buy   ⑧ may

〔専修大松戸高〕

☐ **18** あまり遅くならないうちに帰らなければなりません。

I ___ 25 ___ ___ ___ 26 ___ ___.

① gets   ② it   ③ say   ④ late

⑤ good-by   ⑥ before   ⑦ too   ⑧ must

〔城北高〕

☐ **19** 飛行機で世界中を旅行したいものだ。

I ___ 27 ___ 28 ___ ___ by airplane.

① world   ② like   ③ over   ④ would

⑤ all   ⑥ travel   ⑦ the   ⑧ to

〔東海大付属市原望洋高〕

☐ **20** きれいな夕日を見損なってしまったね。もう数分早く来ればよかったのに。

You just missed a beautiful sunset. You ___ 29 ___ ___ 30 ___ ___.

① a   ② come   ③ earlier   ④ few

⑤ minutes   ⑥ have   ⑦ should

〔開成高〈改〉〕

答17 May I **ask** him where **to** buy this book?

23 ⇒ ③　24 ⇒ ①　(8-5-**3**-6-**4**-**1**-7-2)

▶許可を求めて，「**V してもよろしいですか。**」という丁寧な表現をする場合は，**May I V ?** と言います。**may** には**許可**と，「**V するかもしれない**」という**推量**の2つの意味があります。また，「疑問詞＋不定詞」は**名詞句**を作ることにも注意しましょう。

答18 I must **say** good-by before it **gets** too late.

25 ⇒ ③　26 ⇒ ①　(8-**3**-5-6-**2**-**1**-7-4)

▶ must という助動詞をうまく使いこなすこと。**must V** は「**V しなければならない**」という強い**義務**と，「**V するにちがいない**」という強い**推量**の2つの意味があります。ここでは**義務**の意味で使われています。この must は，**have to** にも書き換えられることに注意しておきましょう。

答19 I would **like** to **travel** all over the world by airplane.

27 ⇒ ②　28 ⇒ ⑥　(4-**2**-8-**6**-5-3-7-1)

きそ ▶ **would like to V** は「**V したいものだ**」という意味で，want to V よりも丁寧な表現。このように，過去形の助動詞の would や could を使って，丁寧な表現をすることができます。また，「世界中」は all over the world と表します。

答20 You just missed a beautiful sunset. You should **have** come a **few** minutes earlier.

29 ⇒ ⑥　30 ⇒ ④　(7-**6**-2-**1**-4-5-3)

▶ **should have V**$_{pp}$ は「**V すべきだったのに，V すればよかったのに**」という，過去に対する非難や後悔を表します。「もう1分早く」は a minute earlier のように数字を前に置くので，「もう数分早く」は a few minutes earlier となります。

REVIEW

助動詞を使いこなせるようになると，話したり書いたりできる英語の幅がグンと広がります。全レッスンを通じて言えることですが，問題を解いて終わりではなく，本書で登場した英文はすべて覚えてしまうくらいのつもりで何度も付属の音声をまねしながら練習することが大切です。覚えた例文の一部を変えて，自分のことについて助動詞を使った文を作ってみるのも良い練習になりますよ。

SCORE	1st TRY	2nd TRY	3rd TRY	CHECK YOUR LEVEL	
	/30点	/30点	/30点		▶ 0 ～ 19点 ➡ *Work harder!* ▶ 20 ～ 24点 ➡ *OK!* ▶ 25 ～ 28点 ➡ *Way to go!* ▶ 29 ～ 30点 ➡ *Awesome!*

不定詞・動名詞

> 不定詞に強くなるには，なんといってもまず不定詞の3用法；名詞的用法・形容詞的用法・副詞的用法を文の中で正確に見抜くことが重要です。また，この不定詞の名詞的用法は，同じ名詞の働きをする動名詞と混同しやすいので，きちんと区別して使えるように練習していきましょう。

1 不定詞の形容詞的用法

> 問 My friend wants something 　　　 .
>
> ① drink　　② drank　　③ drunk　　④ to drink
>
> 〔目白学園高〕

　　ここでは，空所の前にある something という名詞を「何か**飲むためのもの**」と修飾する語句を選ばなければなりません。このように，**後ろから名詞を修飾するとき**に使われるのが**不定詞の形容詞的用法**です。

　　名詞を修飾する場合に使われる不定詞が形容詞的用法。動詞をはじめ，名詞以外を修飾する場合は副詞的用法。そして，主語や目的語，補語の位置に置かれて名詞の働きをするのが名詞的用法です。

　　答⇒④　（訳：私の友達は何か飲むものを欲しがっている。）

● 不定詞(to V)の基本用法 ●

①名詞的用法 ………………… 名詞の働きをする（**V** すること）

　例 To master a foreign language is never easy.
　　（外国語を習得することは決して簡単なことではない。）

··

②形容詞的用法 ……………… 名詞を修飾する（**V** するための）

　例 I have a lot of books to read.
　　（私には読む本がたくさんある。）

··

③副詞的用法 ………………… 動詞を修飾する（**V** するために）

　例 I went to her house to talk with her.
　　（私は彼女と話すために彼女の家に行った。）

---

2 形式主語

> 問　It is difficult ☐ English.
> ① speak　　② spoken　　③ speaking　　④ to speak
> 〔錦城学園高〈改〉〕

　例えば To speak English is difficult. のように，主語の位置に**不定詞の名詞的用法**を使うこともできなくはありませんが，主語が非常に長い不格好な文になってしまいます。これを避けるために，it という目印になる言葉を主語の位置に置いて，不定詞を後回しにすることができます。このような目印の働きをする it のことを**形式主語**，または**仮主語**といいます。この it はあくまでも形式的に置かれているものなので，「それ」とは訳さず，It is ... to V.（**V することは…だ。**）のように訳すのが適切です。

　答⇒④（訳：英語を話すことは難しい。）

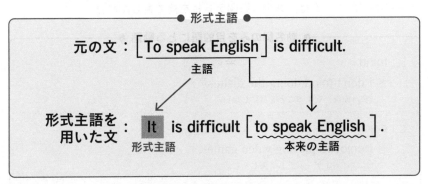

● 形式主語 ●

元の文：[To speak English] is difficult.
　　　　　　　主語

形式主語を
用いた文　：It is difficult [to speak English].
　　　　　形式主語　　　　　　　　本来の主語

● 形式主語を用いた例文 ●

例 It is an interesting experience to talk with people from different cultures.

（= To talk with people from different cultures is an interesting experience.）

（異なる文化の人々と話すことは面白い経験だ。）

3 動名詞のみを目的語にとる動詞

> 問 Tom enjoyed [　　　] television for three hours last night.
> ① watch　　② watched　　③ watching　　④ to watch
>
> 〔東京学館浦安高〈改〉〕

　動詞には，不定詞のみを目的語にとるもの，動名詞のみを目的語にとるもの，不定詞と動名詞のどちらも目的語にとるものがあります。

　その中でもとりわけ試験に頻出するのが，**動名詞のみを目的語にとる動詞**です。enjoy も，不定詞を目的語にとることができない動詞なので，必ず動名詞を選択しなければなりません。よって，ここでは③ watching が正解です。

　このような動詞を下にまとめたので，例文を何度も声に出して読みながら覚えてしまいましょう。

　答⇒③ （訳：トムは，昨夜3時間テレビを見て楽しんだ。）

● 動名詞のみを目的語にとる動詞 ●

□ mind　　　　　　　　＝気にする
　例 I don't mind doing the dishes.
　（私は皿洗いをすることを気にしない。）

□ enjoy　　　　　　　　＝楽しむ
　例 I enjoyed playing video games.
　（私はビデオゲームをして楽しんだ。）

□ give up　　　　　　　＝やめる
　例 I've given up trying to wake up early.
　（私は早く起きようとすることを諦めた。）

□ avoid　　　　　　　　＝避ける
　例 Mark avoids walking in the rain.
　（マークは雨の中を歩くことを避ける。）

□ finish　　　　　　　　＝終える
　例 I finally finished doing my homework for the class.
　（私はついにその授業の宿題を終わらせた。）

□ escape　　　　　　　　＝免れる

例 The mouse escaped being eaten by the cat.
（そのネズミはネコに食べられることを免れた。）

□ put off[postpone]　　　　＝延期する

例 I put off seeing my dentist.
（私は歯医者に行くのを延期した。）

□ suggest　　　　　　　　＝提案する

例 We suggested studying together.
（私たちは一緒に勉強することを提案した。）

　ちなみに，不定詞のみを目的語にとる動詞としては，主に以下のようなものがあります。

●━ **不定詞のみを目的語にとる動詞** ━●

□ want / hope / wish / care ＝〜したいと思う

例 I want to get my car license this winter.
（私は今年の冬に車の免許を取りたいと思っている。）

□ pretend　　　　　　　　＝〜するふりをする

例 I always pretend to listen to my teacher carefully.
（私はいつも先生の話を注意深く聞くふりをしている。）

□ manage　　　　　　　　＝どうにか〜する

例 I couldn't manage to get a passing grade in the exam.
（私はそのテストで合格点を取ることができなかった。）

□ decide　　　　　　　　＝決心する

例 I decided to study every day.
（私は毎日勉強しようと決意した。）

問1：次の英文の空所に入れるのに最も適当なものを選べ。

☐ 1 "Remember 1 the letter when you go out."

① mailing　　　　　　② to mail

③ having mailed　　　④ that you mail

〔日大習志野高〕

◆難 ☐ 2 Do you know 2 this box?

① where to put　　　② where put

③ where putting　　④ to put where

〔日大豊山高〕

☐ 3 It's cold outside. Be careful 3 a cold.

① not catch　　　　② not to catch

③ not catching　　　④ of not catching

〔青山学院高等部〕

☐ 4 "I'm very hungry. Is there any food?" "No, there's 4 ."

① nothing for eat　　　② not any eating food

③ nothing to eat　　　　④ nothing eating

〔中央大附属高〕

頻出 ☐ 5 Will you give me 5 drink?

① hot something to　　② something to hot

③ something hot to　　④ something hot

〔大阪女学院高〕

☐ 6 He is proud of 6 Japanese.

① to be　　　　　② be

③ being　　　　　④ is

〔立教高〕

40

答1 「あなたが外出するとき忘れずに手紙を出しなさい。」

1 ⇒② to mail

きそ ▶ remember は動名詞と不定詞の両方を目的語にとることができますが，動名詞の場合は**過去**的，不定詞の場合は**未来**的な意味になります。**remember Ving** は「**（過去に）V したことを覚えている**」，**remember to V** は「**（これから）忘れずに V する**」と覚えておくと良いでしょう。この場合，過去に手紙を投函したことではなくこれから投函することについて話しているので，答えは不定詞の② to mail です。

答2 あなたはこの箱をどこに置くか知っていますか。

2 ⇒① where to put

▶ where や how などの疑問詞の後ろに不定詞を置くと，大きな名詞句を作ることができます。ここでは，**where to V**（どこで V するか）という形の① where to put が答えです。

答3 外は寒いですよ。風邪をひかないように気をつけて。

3 ⇒② not to catch

▶不定詞の否定形は，not や never を直前に置いて，not to V や never to V という形にします。ちなみに，動名詞の否定も not Ving という形にします。**be careful to V** で「**V するように注意する**」，**be careful not to V** で「**V しないように注意する**」という熟語として覚えておきましょう。

答4 「とてもおなかがすいた。食べ物はありますか。」「いいえ，食べる物は何もありません。」

4 ⇒③ nothing to eat

▶不定詞は名詞の直後に置いて，形容詞と同じように名詞を後ろから修飾することもできます。この働きを不定詞の形容詞的用法と呼びます。ここでは，to eat が nothing を修飾している③ nothing to eat を選びましょう。

答5 何か温かい飲み物をくれませんか。

5 ⇒③ something hot to

▶ something や nothing などの -thing で終わる名詞を修飾する場合，形容詞はその**直後**に置きます。同時に不定詞の形容詞的用法も使う場合は，**形容詞のさらに後ろに置かなければならない**ので，答えは③ something hot to です。この表現は繰り返し試験に出てくるので，文ごと丸暗記しておきましょう。

答6 彼は日本人であることに誇りを持っている。

6 ⇒③ being

▶前置詞 of の後ろには普通，名詞が来ます。動詞に名詞の働きをさせるには，不定詞の名詞的用法と動名詞の2通りがありますが，**前置詞の後ろに置く場合には動名詞を使わなければなりません**。ここでは，動名詞の③ being が正解です。

☐ **7** My brother is good ☐7☐ a car.

① driver　　　　　　② at driving
③ to drive　　　　　④ drive

〔目白学園高〕

☐ **8** Try to read this book without ☐8☐ the dictionary.

① use　　　　　　　② to use
③ using　　　　　　④ used

〔東洋大附属牛久高〈改〉〕

☐ **9** I've been so busy that I haven't finished ☐9☐ the book yet.

① in reading　　　　② reading
③ to read　　　　　④ read

〔東京工業大附属工業高〕

◆難 ☐ **10** Tom went out after ☐10☐ .

① had lunch　　　　② he was having lunch
③ having lunch　　　④ he has lunch

〔大阪女学院高〕

答7 私の兄は車を運転するのが得意だ。

7 ⇒ ② at driving

▶ **be good at 〜** は「**〜が得意である**」という熟語。前置詞 at の後ろには普通，名詞が来ます。動詞に名詞の働きをさせるには，不定詞の名詞的用法と動名詞の2通りがありますが，前置詞の後ろに置く場合は動名詞を使わなければなりません。

答8 辞書を使わないでこの本を読んでみなさい。

8 ⇒ ③ using

▶ 前置詞 without の後ろには普通，名詞が来ます。前置詞の後ろに動詞を置く場合は，不定詞ではなく動名詞を使わなければなりません。ここでは，動名詞の③ using が正解。**without V**ing は「**V することなしに，V せずに**」という熟語として覚えておきましょう。

答9 私はとても忙しいので，まだその本を読み終えていない。

9 ⇒ ② reading

▶ finish という動詞の後ろには，finish the homework のように普通は名詞が来ます。この名詞の位置に動詞を置く場合には，不定詞ではなく必ず**動名詞**を使います。つまり，finish to V とはできないのです。このような動詞には他に，enjoy（楽しむ），mind（気にする）などがあります。

答10 トムは昼食を取った後，外出した。

10 ⇒ ③ having lunch

▶ after や before は，前置詞としても接続詞としても使うことができます。ここでは**前置詞**として使われていて，前置詞の後ろに来る名詞の代わりに**動名詞**が置かれています。after を接続詞として考えて，②や④を入れようとしても，②は過去進行形，④は現在形ですから，時制が一致しません。

Lesson
03
不定詞・動名詞

43

問2：日本文に合う英文になるように選択肢の語を並べ替え，空所に入るものを選べ。

☐ **11** 君が彼のことを尋ねるなんて不思議だ。(1 語不要)

_____ _____[11]_____ _____[12]_____ _____ _____ _____ about him.

① strange ② he ③ to ④ is

⑤ it ⑥ ask ⑦ you ⑧ for

〔法政大高〕

☐ **12** 彼は親切にも私たちに車を貸してくれました。

He _____ _____ _____[13]_____ _____[14]_____ _____ _____ _____ .

① kind ② lend ③ car ④ was

⑤ his ⑥ enough ⑦ to ⑧ us 〔巣鴨高〕

☐ **13** 早起きは健康に良い。

_____ _____[15]_____ _____ _____[16]_____ _____ _____ health.

① good ② up ③ to ④ our

⑤ early ⑥ for ⑦ get ⑧ is

〔湘南学園高〕

☐ **14** あなたは昼食前にはおなかが減りすぎて勉強ができないとよく言います。

You often say _____ _____[17]_____ _____[18]_____ _____ .

① before ② study ③ are ④ lunch

⑤ to ⑥ you ⑦ hungry ⑧ too

〔上宮太子高〕

☐ **15** 彼女はその歌を聞くと悲しい気分になります。

_____ _____ _____[19]_____ _____[20]_____ _____ .

① song ② her ③ the ④ listening

⑤ makes ⑥ to ⑦ sad 〔大妻中野高〕

☐ **16** なんて暑いんだ！　とてものどが渇いた。冷たい飲み物をいただけませんか。

How hot it is! I'm very thirsty. Will _____ _____ _____[21]

_____[22]_____ _____ ?

① something ② give ③ you ④ cold

⑤ me ⑥ drink ⑦ to 〔専修大松戸高〕

Answers

答11 It **is** strange **for** you to ask about him.

　　11 ⇒④　12 ⇒⑧　(5-4-1-**8**-7-3-6)　不要＝② he

きそ ▶この It は形式主語で，後ろの to ask about him という名詞的用法の不定詞を指しています。また，不定詞の意味上の主語を表すには，不定詞の前に for ～ を置きます。**It is ... (for ～) to V** で，「（～が）V するのは…だ」という意味の重要構文になります。

答12 He was kind **enough** to **lend** us his car.

　　13 ⇒⑥　14 ⇒②　(4-1-**6**-7-**2**-8-5-3)

⚠ ▶**... enough to V** は，「V するほどに…，V するのに十分に…」という意味の重要表現。これは，**so ... as to V** という表現と同じ意味ですから，本文は He was so kind as to lend us his car. にも書き換えることができます。

答13 To **get** up early **is** good for our health.

　　15 ⇒⑦　16 ⇒⑧　(3-**7**-2-5-**8**-1-6-4)

▶不定詞や動名詞は名詞の働きをするので，主語の位置に置くこともできます。この文では，To get up early が名詞的用法の不定詞で，主語の働きをしています。形式主語の it を使って，It is good for our health to get up early. と書き換えることもできます。

答14 You often say you are **too** hungry to **study** before lunch.

　　17 ⇒⑧　18 ⇒②　(6-3-**8**-7-5-**2**-1-4)

きそ ▶**too ... (for ～) to V** は「…すぎて（～は）V できない」という意味の重要表現。ここでは，不定詞の意味上の主語である for ～ の部分は使わずに並べ替えましょう。

答15 Listening to the **song** makes **her** sad.

　　19 ⇒①　20 ⇒②　(4-6-3-1-**5**-2-7)

▶主語には必ず名詞，もしくは名詞の働きをするものが来ます。ここでは，listening という名詞の働きをする動名詞が主語の位置に置かれています。また，**make O C** は「O を C にする」という意味の重要表現で，O には名詞，C には名詞や形容詞が来ます。

答16 How hot it is! I'm very thirsty. Will you give me **something** cold to drink?

　　21 ⇒①　22 ⇒⑦　(3-2-5-1-4-**7**-6)

▶「何か冷たい飲み物」と言うときには，**something cold to drink** という表現を使います。something や nothing などの -thing で終わる名詞を修飾する場合，形容詞は後ろに置かなければなりません。そして，不定詞の形容詞的用法は，さらにその後ろに置きます。この形は頻出なので，丸ごと覚えておくこと。

□**17** 夕食に招待してくれてありがとう。

_____ _____ 23 _____ _____ 24 _____ _____ _____ .
① inviting ② thank ③ me ④ dinner
⑤ you ⑥ to ⑦ for

〔志学館高〕

□**18** 私の仕事は家族のために料理をすることです。

My _____ _____ 25 _____ _____ 26 _____ .
① family ② work ③ my ④ cooking
⑤ is ⑥ for

〔郁文館高〕

難 □**19** 私はそのパーティーで楽しく過ごしたことを思い出す。

I _____ 27 _____ _____ _____ 28 _____ _____ _____ .
① the ② time ③ a ④ at
⑤ party ⑥ good ⑦ remember ⑧ having

〔城北高〕

頻出 □**20** 私はあなたに会えるのを楽しみにしています。

_____ _____ 29 _____ _____ 30 _____ _____ .
① you ② am ③ forward ④ to
⑤ I ⑥ looking ⑦ seeing

〔暁星国際高〕

答17 Thank **you** for **inviting** me to dinner.

23 ⇒ ⑤ 24 ⇒ ① (2-5-7-1-3-6-4)

▶ thank you for ～ は,「～をありがとう」という意味の重要表現。前置詞 for の後ろには名詞が来ます。動詞に名詞の働きをさせるには,不定詞の名詞的用法と動名詞の2通りがありますが,前置詞の後ろに置く場合には動名詞を使わなければなりません。

答18 My **work** is **cooking** for **my** family.

25 ⇒ ④ 26 ⇒ ③ (2-5-4-6-3-1)

▶ be動詞の後ろに,名詞の代わりに動名詞が使われています。動名詞は「Vすること」という意味で,名詞と同じような働きをすることができます。

答19 I remember **having** a good **time** at the party.

27 ⇒ ⑧ 28 ⇒ ② (7-8-3-6-2-4-1-5)

▶ remember という動詞の後ろには,不定詞も動名詞も置くことができますが,どちらを置くかで意味が大きく異なります。この場合,不定詞は未来的,動名詞は過去的な意味を持っていて,**remember to V** は「**(未来に) V することを心に留めておく**」,**remember Ving** は「**(過去に) V したことを覚えている**」となります。

答20 I am **looking** forward **to** seeing you.

29 ⇒ ⑥ 30 ⇒ ④ (5-2-6-3-4-7-1)

▶ look forward to ～ は,「～を楽しみにする」という意味の頻出熟語。この to は前置詞で,後ろには名詞が来ます。この名詞の代わりに動名詞を置くと,**look forward to Ving** (V することを楽しみに待つ) という形になります。この前置詞の to を不定詞と勘違いして,後ろに原形動詞を置かないように注意しましょう。

Lesson
03
不定詞・動名詞

REVIEW

このレッスンでは不定詞と動名詞について学習しました。動名詞は名詞の役割を,不定詞は名詞,形容詞,副詞の役割をすることができましたね。日本語でも「○○すること」のように言うことは多いですよね。これらは使いこなすことで,知っている動詞を使って「○○すること」,「○○するための」,「○○するために」と言えるようになる大変便利な表現です。

SCORE	1st TRY	2nd TRY	3rd TRY	CHECK YOUR LEVEL	
	/30点	/30点	/30点		▶ 0 ～ 19点 ➡ *Work harder!* ▶ 20 ～ 24 点 ➡ *OK!* ▶ 25 ～ 28 点 ➡ *Way to go!* ▶ 29 ～ 30 点 ➡ *Awesome!*

このステージで覚えた知識を総チェック！

中間テスト① 問題

⏱制限時間▶ 10 分
🎯目標得点▶ 13／15点

■第1問　次の空所に入れるのに最も適当なものを選べ。

問1 She is fond of ⬚1⬚ to music.

① listen　　② to listen　　③ listening　　④ listened

問2 He always tells a secret to his friends. You had ⬚2⬚ tell it to him.

① to　　　　　　　　② better

③ not to　　　　　　④ better not

問3 The teacher made the students ⬚3⬚ the room.

① clean　　② cleaning　　③ to clean　　④ cleaned

問4 She wanted a friend ⬚4⬚ .

① talked　　　　　　② talking

③ to talk with　　　 ④ talking with

問5 Yesterday I had to go and ⬚5⬚ my uncle.

① see　　② saw　　③ to see　　④ seeing

問6 I ⬚6⬚ the school at eight this morning.

① got on　　　　　　② got to

③ arrived on　　　　 ④ arrived to

問7 Would you mind ⬚7⬚ the window?

① open　　② to open　　③ opened　　④ opening

問8 Please give me something hot ⬚8⬚ drink.

① at　　② in　　③ on　　④ to

問9 Milk ⬚9⬚ beautiful and healthy.

① can make it　　　　② can help it

③ makes you　　　　 ④ gives you

問10 You ⬚10⬚ to help your mother.

① should　　② ought　　③ must　　④ had better

■第2問 下の選択肢を並べ替えて英文を完成させ，空所に入る番号を答えよ。

問11 He ＿＿ ＿＿ ＿＿ [11] ＿＿ ＿＿ ＿＿ dog.
① near ② not ③ the ④ go
⑤ told ⑥ us ⑦ to

問12 ＿＿ ＿＿ [12] ＿＿ ＿＿ too much.
① careful ② be ③ not ④ eat
⑤ to

問13 These shoes ＿＿ ＿＿ ＿＿ [13] ＿＿ ＿＿ wear. （1語不要）
① me ② is ③ to ④ for
⑤ too ⑥ are ⑦ small

問14 She was ＿＿ [14] ＿＿ ＿＿ ＿＿ ＿＿ station.
① enough ② take ③ kind ④ to
⑤ me ⑥ to the

問15 I should ＿＿ ＿＿ ＿＿ [15] ＿＿ ＿＿ .
① her ② an ③ to ④ sent
⑤ e-mail ⑥ have

解答用紙

第1問	問1	問2	問3	問4	問5
	問6	問7	問8	問9	問10
第2問	問11	問12	問13	問14	問15

01-03 中間テスト① 解答

....

解説

• ....

■第1問

問1：be fond of 〜「〜が好きである」。listening は動名詞。

問2：had better V「V した方がよい」。否定形は had better not V。
　　　（訳：彼はいつも友人に秘密を話す。君は彼にそれを話さない方がいい。）

問3：使役動詞 make。make 〜 V「〜に V させる」。clean は原形不定詞。
　　　（訳：先生は生徒たちにその部屋を掃除させた。）

問4：不定詞の形容詞的用法で，a friend to talk with「話すための友人」。

問5：have to V「V しなければならない」。go and V は「V しに行く」で，go to V と同じ意味。（訳：昨日私は叔父に会いに行かなければならなかった。）

問6：get to 〜「〜に着く」。arrive at 〜「〜に着く」。

問7：mind Ving「V するのを気にする」。opening は動名詞。would you mind Ving?（V してもらえますか）は熟語として覚えておくこと。

問8：something ... to V「何か…な V するためのもの」。to V は不定詞の形容詞的用法。

問9：第5文型を作る動詞 make。make O C「O を C にする」。
　　　（訳：牛乳はあなたを美しく健康にする。）

問10：ought to V「V すべきである」。② ought 以外の選択肢だと，後ろの to は不要。

■第2問

問11：「5-6-2-7-4-1-3」が正解。「He told us not to go near the dog. (彼は私たちに犬に近づくなと言った。)」となります。tell 〜 to V は「〜に V するように言う」という意味。

問12：「2-1-3-5-4」が正解。「Be careful not to eat too much. (食べすぎないように気をつけなさい。)」となります。不定詞の否定形は not to V。

問13：「6-5-7-4-1-3」が正解。「These shoes are too small for me to wear. (この靴は私が履くには小さすぎます。)」となります。too ... for 〜 to V は「…すぎて〜は V できない」という意味。

問14：「3-1-4-2-5-6」が正解。「She was kind enough to take me to the station. (彼女は親切にも私を駅へ連れていってくれた。)」となります。... enough to V は「V するほどに…, V するのに十分に…」という意味。

問15：「6-4-2-5-3-1」が正解。「I should have sent an e-mail to her. (私は彼女に電子メールを送るべきだったのに。)」となります。should have V_pp は「V すべきだったのに, V すればよかったのに」という, 過去に対する非難や後悔を表す表現。

解答

第1問	問1 ③	問2 ④	問3 ①	問4 ③	問5 ①
	問6 ②	問7 ④	問8 ④	問9 ③	問10 ②
第2問	問11 ⑦	問12 ③	問13 ④	問14 ①	問15 ⑤

SCORE	1st TRY	2nd TRY	3rd TRY	CHECK YOUR LEVEL	▶ 0 〜 7 点 ➡ *Work harder!*
	╱15点	╱15点	╱15点		▶ 8 〜 12 点 ➡ *OK!*
					▶ 13 〜 15 点 ➡ *Way to go!*

上手な辞書の使い方

電子辞書類は，今では内容が充実して本当に便利になりましたね。

　辞書を引くときには英単語の意味だけではなく，派生語や反対語，例文などにも気を配るようにしましょう。特に英文法の問題に強くなるためには，単語がどのように使われるか，つまり英単語の語法に関する説明の部分をしっかりと押さえてください。

　例えば，prevent という動詞を覚えるのに「妨げる」という意味だけを覚えてもそれほど役には立ちません。英文法の問題では必ずと言っていいほど，後ろの「目的語＋ from ＋動名詞」の形が問われるのです。このような形を，例文と一緒に確認して記憶する習慣を身につけましょう。

　「辞書を引けば引くほど英語ができるようになる」とよく言いますが，ただ単に作業として「意味調べ」をやるために辞書を引いても効果はあまりありません。辞書は，意味だけをチェックするというよりは，そこにある「語法や例文を読む」という感覚で使いこなしましょう。

　無用な意味調べの時間を節約するために，このシリーズでは巻末に「単語・熟語リスト」（→ p.148）を付けてあります。大いに利用して，語彙と英文法の力を同時に高めていきましょう。

LV2
STAGE-2

> 動詞を Ving（現在分詞）や Vpp（過去分詞）に変化させると，形容詞の働きをして名詞を修飾します。Ving は「する，している」という能動的な意味を，Vpp は「される，された」という受動的な意味を持ちます。問題を解く際には，その基準となる語句をきちんと見つけるようにしましょう。

1 Ving（能動の関係）

問 A bus ☐ 25 people ran into a building last night.

① carry ② carries ③ carried ④ carrying

　分詞が名詞を修飾する場合，1語のときは前から，いろいろと修飾語句が付いて2語以上になったときには後ろから名詞を修飾するのが普通。どちらの場合も Ving にするか Vpp にするかは，修飾される名詞を基準にして考えましょう。

　ここでは，修飾される名詞は A bus で，バスは人々を運ぶ方なので，名詞と分詞の間に**能動の関係**が成り立ちます。よって④ carrying という現在分詞が正解。

答 ⇒④ （訳：昨夜，25人の乗客を乗せたバスがビルに突っ込んだ。）

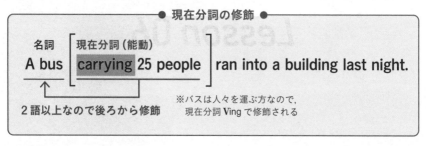

● 現在分詞の修飾 ●

名詞　現在分詞（能動）
A bus [carrying 25 people] ran into a building last night.

2語以上なので後ろから修飾　※バスは人々を運ぶ方なので，現在分詞 Ving で修飾される

2 Vpp（受動の関係）

> 問　This is the bicycle [　　　] to him for his birthday.
>
> ① give　　　② given　　　③ giving　　　④ gave
>
> 〔芝浦工大柏高〕

分詞が名詞を修飾する場合，修飾される名詞を基準にして分詞の形を決めます。ここでは，修飾される名詞は the bicycle で，自転車は与え**られる**方なので，名詞と分詞の間に**受動の関係**が成り立っています。よって，過去分詞の② given が正解です。

答⇒②（訳：これは彼の誕生日に彼がもらった自転車だ。）

● 過去分詞の修飾 ●

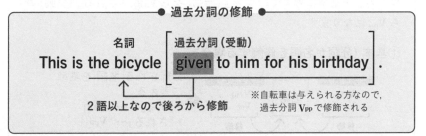

3 V＋O＋分詞

> 問　Can you hear a bird [　　　] in the tree?
>
> ① to sing　　② singing　　③ sung　　④ is sung

hear のような他動詞の後ろに目的語（名詞）と空所が続いていて，分詞を選択する場合には目的語を基準に分詞の形を決めましょう。

ここでは，a bird という目的語を基準にして，「鳥が歌う」という**能動の関係**を見抜けば② singing が答えだとわかります。

答⇒②（訳：あなたはその木で鳥が鳴いているのが聞こえますか。）

● V＋O＋分詞 ●

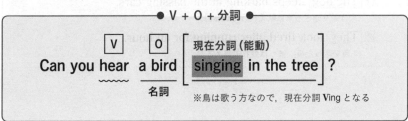

4 Ving（現在分詞）と Vpp（過去分詞）

「する」という能動の関係なら Ving，「される」という受動の関係なら Vpp とはいうものの，「する」「される」は何を基準に考えるかによって大きく違ってきます。例えば，「私が机を壊す」という状況の場合，「私」を基準にすると「壊す」方ですが，「机」を基準にすると「壊される」方になります。日本語だけで考えると，この基準を間違ってしまうことがあるのです。

分詞の問題を解く際は，何を基準に考えて問題を解けばいいのか，その**基準となる語句**の見抜き方をしっかり覚えておきましょう。

● **分詞が Ving か Vpp かを判断する基準となる語句** ●

以下の□を基準に考えて，「する」（能動）なら Ving，「される」（受動）なら Vpp になります。

①基本（分詞が名詞を修飾する場合）

修飾される **名詞** を基準に考える
▶「する」 → Ving
▶「される」→ Vpp

例 She found her lost key in the kitchen.
（彼女はキッチンでなくした鍵を見つけた。）

例 Do you know the boy playing the piano?
（ピアノを弾いているその男の子を知っていますか？）

....

②分詞が補語（C）の場合

第 2 文型は S＝C なので，S を基準に考える

例 The dog keeps barking at the passing cars.
（犬は通り過ぎる車に吠え続けている。）

例 They look tired after running for an hour.
（1 時間走った後，彼らは疲れて見える。）

....

$$\text{S} \quad \text{V} \quad \boxed{\text{O}} \quad \boxed{\text{C}}$$

$\parallel$
Ving
Vpp

← 第5文型は
$\boxed{\text{O}}$ を基準に考える

例 I saw $\boxed{\text{my cat}}$ sleeping.
（私は私のネコが寝ているのを見た。）

例 I heard $\boxed{\text{my name}}$ called by my friend Aki.
（私は友達のアキに自分の名前を呼ばれるのが聞こえた。）

- -

with $\boxed{\text{名詞}}$ Ving
Vpp

← 分詞は名詞の補語なので
$\boxed{\text{名詞}}$ を基準に考える

（〜が‥‥‥な状態で）

例 We kept doing yoga with $\boxed{\text{the wind}}$ blowing strongly.
（風が強く吹いている中，私たちはヨガをし続けた。）

例 He is walking with $\boxed{\text{his eyes}}$ closed.
（彼は目を閉じたまま歩いている。）

Lesson
04
分詞

57

問1：次の英文の空所に入れるのに最も適当なものを選べ。

☐**1** This is one of the houses ⬚1 stone.

① built of   ② building of

③ making from   ④ which was made from

〔東海大付属浦安高〕

☐**2** The man ⬚2 on the bridge was killed in the accident.

① work   ② worked

③ were working   ④ working

〔中央大附属高〕

🔷難 ☐**3** The news was ⬚3 to her.

① surprise   ② surprised

③ surprising   ④ to surprise

〔東洋大附属牛久高〕

☐**4** I found her ⬚4 in collecting stamps.

① interested   ② interesting

③ enjoyed   ④ enjoying

〔東洋大附属牛久高〈改〉〕

頻出 ☐**5** The ⬚5 people threw stones at the police.

① exciting   ② excite

③ excited   ④ to excite

〔日大鶴ヶ丘高〕

☐**6** Look at the white dog ⬚6 under the table.

① lay   ② to lay

③ laying   ④ lying

〔貞静学園高〕

Answers

答 1 これは石で造られた家の１つです。

   1 ⇒① built of

   ▶分詞が名詞を後ろから修飾するパターン。まず,「家は造られる」という受動の関係があるので,過去分詞を使った① built of か④ which was made from に絞り込むこと。④は,先行詞が複数形の houses なのに,which の後ろの動詞が were ではなく was になっているので不可。① built of が正解となります。

答 2 橋の上で働いていた男性は,その事故で亡くなった。

   2 ⇒④ working

   きそ ▶空所に入る分詞は,主語の the man を後ろから修飾する形容詞の働きをしています。ここでは,「男性は働いている」という能動の関係があるので,④ working を選ぶこと。③だと述語動詞が２つになってしまうので不可です。

答 3 その知らせは彼女を驚かせた。

   3 ⇒③ surprising

   ▶ **surprise** は,「驚かせる」という意味の重要な他動詞。間違って「驚く」と覚えないように注意。ここでは,ニュースは人間を「驚かせる」方なので,能動の意味を持つ分詞の③ surprising を選ぶこと。この文は,She was surprised at the news. と書き換えることができます。

答 4 私は彼女が切手を集めることに興味があるとわかった。

   4 ⇒① interested

   ▶ **find O C** は,「O が C だとわかる」という意味。C の部分に来る分詞が Ving(能動)か,V$_{pp}$(受動)かを決定するには,O の部分に来る名詞を基準にすること。ここでは彼女は切手を集めることに「興味を持たされている」ため,interest(興味を持たせる)の過去分詞の① interested が正解。

答 5 興奮した人々が警察に向かって石を投げた。

   5 ⇒③ excited

   ▶空所に入る分詞は,people という名詞を修飾しています。**excite** という動詞は,もともと「興奮させる」という意味なので,人々は「興奮させられる」という受動の関係を捉えて過去分詞の③ excited を選ぶこと。「興奮した」という日本語訳から現在分詞を選んでしまわないよう,元の動詞の意味を理解しておきましょう。

答 6 テーブルの下で横になっている白い犬を見なさい。

   6 ⇒④ lying

   ▶後ろに under the table という「前置詞＋名詞」の修飾部分が続いて,目的語がないことから,空所には自動詞が入るとわかります。空所に入る自動詞は,後ろから dog を修飾する分詞。「横たわる」という自動詞は **lie** で,lie-lay-lain-**lying** と活用するので,④ lying が正解です。

☐**7** I saw a sign about a [7] cat yesterday.

① lose   ② lost

③ losing   ④ loss

〔専修大松戸高〕

☐**8** He had his leg [8] in the football game.

① break   ② broke

③ broken   ④ breaking

〔東京学館浦安高〕

頻出 ☐**9** The language [9] in Australia is English.

① speak   ② speaking

③ to speak   ④ spoken

〔関東第一高〕

☐**10** The mountain [10] over there is Mt. Aso.

① see   ② seeing

③ seen   ④ to see

〔青雲高〕

答7 私は昨日迷いネコについての看板を見た。

　　　7 ⇒② lost

きそ ▶ lose という動詞は「失う」という意味。この動詞が分詞になって，cat という名詞を修飾しています。ネコは失う方ではなく，「失われて迷子になる」方だから，ここでは過去分詞の② lost が正解です。

答8 彼はそのフットボールの試合で足の骨を折った。

　　　8 ⇒③ broken

▶ **have O C** は，「**O を C にする**」という意味の表現。この **C** の部分に入る分詞を選ぶ場合には，**O** の部分に来る名詞を基準にして，受動か能動かで判断すること。ここでは，足は「骨を折られる」方だから，過去分詞の③ broken が答えです。

Lesson
04
分詞

答9 オーストラリアで話されている言語は英語だ。

　　　9 ⇒④ spoken

▶ language という名詞を後ろから修飾する，形容詞の働きをする分詞が空所に入ります。「言語は話される」という受動の関係から，過去分詞の④ spoken を選ぶこと。

答10 向こうに見える山は阿蘇山です。

　　　10 ⇒③ seen

▶ mountain という名詞を後ろから修飾する，形容詞の働きをする分詞が空所に入ります。「山は見られる」という受動の関係から，過去分詞の③ seen を選びましょう。

問2：日本文に合う英文になるように選択肢の語を並べ替え，空所に入るものを選べ。

□ **11** あそこでピアノを弾いている女の子はルーシーです。

＿＿＿ ＿＿＿[11]＿＿＿ ＿＿＿ ＿＿＿[12]＿＿＿ ＿＿＿ .

① there ② is ③ playing ④ the piano
⑤ the girl ⑥ Lucy

〔東海大付属浦安高〈改〉〕

□ **12** ソファーに横たわっている少年は私より年上だ。

＿＿＿ ＿＿＿[13]＿＿＿ ＿＿＿ ＿＿＿[14]＿＿＿ ＿＿＿ ＿＿＿ .

① the sofa ② the boy ③ I ④ lying
⑤ than ⑥ on ⑦ older ⑧ is 〔青雲高〕

◆**難** □ **13** 投げ捨てられたカンやビンで私たちの町が汚れてしまいます。

Cans and bottles ＿＿＿ ＿＿＿[15]＿＿＿ ＿＿＿ ＿＿＿[16]＿＿＿ ＿＿＿ ＿＿＿ .

① away ② by ③ dirty ④ city
⑤ make ⑥ our ⑦ people ⑧ thrown

〔早稲田実業高〕

□ **14** 英語は多くの国で話されている言語です。(1 語不要)

English is ＿＿＿ ＿＿＿ ＿＿＿[17]＿＿＿ ＿＿＿[18]＿＿＿ ＿＿＿ .

① countries ② language ③ a ④ many
⑤ spoken ⑥ which ⑦ in

〔成城学園高〕

□ **15** 門のそばに立っている背の高い少年は私のいとこです。(1 語不要)

＿＿＿ ＿＿＿[19]＿＿＿ ＿＿＿[20]＿＿＿ ＿＿＿ ＿＿＿ my cousin.

① is ② standing ③ boy ④ the gate
⑤ who ⑥ by ⑦ the ⑧ tall

〔常総学院高〕

□ **16** 私は昨日，彼から英語で書かれた手紙を受け取りました。

I ＿＿＿ ＿＿＿ ＿＿＿[21]＿＿＿ ＿＿＿ ＿＿＿[22]＿＿＿ ＿＿＿ yesterday.

① got ② in ③ from ④ a
⑤ English ⑥ him ⑦ written ⑧ letter

〔志学館高〕

答11 The girl **playing** the piano there **is** Lucy.

⬚11 ⇒③ ⬚12 ⇒② (5-**3**-4-1-**2**-6)

きそ ▶主語の the girl を，分詞の playing the piano there という部分が修飾しています。「女の子はピアノを弾く」という能動の関係があるから，現在分詞が使われています。このように，**分詞に修飾語が付いて2語以上になる場合は，分詞は後ろから名詞を修飾する**ということに注意しましょう。

Lesson 04 分詞

答12 The boy **lying** on the sofa **is** older than I.

⬚13 ⇒④ ⬚14 ⇒⑧ (2-4-6-1-**8**-7-5-3)

⚠ ▶ lie（横たわる）という動詞の活用は，lie-lay-lain-**lying**。ここでは現在分詞句の lying on the sofa が the boy という名詞を後ろから修飾しており，the boy から the sofa までが文の主語になっています。

答13 Cans and bottles thrown **away** by people **make** our city dirty.

⬚15 ⇒① ⬚16 ⇒⑤ (8-1-2-7-**5**-6-4-3)

▶主語の cans and bottles を，過去分詞の thrown が修飾しています。throw の活用は，throw-threw-**thrown**。throw away は「投げ捨てる」という意味の熟語です。

答14 English is a language **spoken** in **many** countries.

⬚17 ⇒⑤ ⬚18 ⇒④ (3-2-**5**-7-**4**-1) 不要=⑥ which

▶ language という名詞を，過去分詞の spoken が後ろから修飾しています。このように，「言葉は話される」というような受動の関係がある場合には，過去分詞を使うこと。speak の活用は，speak-spoke-**spoken**。

答15 The **tall** boy **standing** by the gate is my cousin.

⬚19 ⇒⑧ ⬚20 ⇒② (7-**8**-3-2-6-4-1) 不要=⑤ who

▶主語の the tall boy を，現在分詞の standing が後ろから修飾する形にします。ここでは，「少年が立っている」という能動の関係があるので，現在分詞が使われています。

答16 I got a letter **written** in English **from** him yesterday.

⬚21 ⇒⑦ ⬚22 ⇒③ (1-4-8-**7**-2-5-**3**-6)

▶ letter という名詞を，過去分詞の written が後ろから修飾しています。write の活用は，write-wrote-**written**。

頻出 ☐ **17** 私は彼女がその店に入って行くところを見ました。

_____ 23 _____ 24 _____ .

① entering ② her ③ I ④ saw

⑤ the shop

〔青雲高〕

☐ **18** 私は英語に大変興味があります。

_____ 25 _____ _____ 26 _____ .

① I ② in ③ am ④ English

⑤ interested ⑥ very

〔駒澤大高〕

☐ **19** テレビの前に座っている男の子は私の弟です。

The _____ 27 _____ _____ _____ 28 _____ my
brother.

① of ② boy ③ the ④ in

⑤ television ⑥ sitting ⑦ is ⑧ front

〔植草学園文化女子高〕

難 ☐ **20** その頂上から見える朝日は美しい。

The _____ 29 _____ 30 _____ _____ _____ .

① is ② rising ③ beautiful ④ seen

⑤ sun ⑥ the top ⑦ from

〔日大鶴ヶ丘高〕

答17 I **saw** her **entering** the shop.
23 ⇒ ④ 24 ⇒ ① (3-4-2-1-5)

⚠ ▶ **see ～ Ving** は「～が **V** しているのを見る」。また，**Ving** の代わりに過去分詞が使われて **see ～ V**ₚₚ となると，「～が **V** されるのを見る」という意味になります。このように，**Ving** の現在分詞は**能動的**（する，している）な意味があり，**V**ₚₚ の過去分詞は**受動的**（される，された）な意味があることに注意。

答18 I **am** very interested **in** English.
25 ⇒ ③ 26 ⇒ ② (1-3-6-5-2-4)

▶ interest は，もともと「興味を持たせる」という意味の他動詞。人間を主語にして，「人間が興味を持っている」と言う場合には，「人間が興味を持た**される**」というように受動的に考えて，be interested in ～ という形を使いましょう。

答19 The boy **sitting** in front of the **television** is my brother.
27 ⇒ ⑥ 28 ⇒ ⑤ (2-6-4-8-1-3-5-7)

▶ 主語の the boy を，sitting という分詞が後ろから修飾しています。ここでは，「少年は座っている」という能動の関係があるので，現在分詞が使われています。

答20 The **rising sun** seen **from** the top is beautiful.
29 ⇒ ⑤ 30 ⇒ ⑦ (2-5-4-7-6-1-3)

▶ sun という名詞に，前から修飾する rising という分詞と，後ろから修飾する seen という分詞が同時に使われています。分詞は，基本的には 1 語のときには前から，2 語以上のときには後ろから名詞を修飾するという点に注意しておきましょう。

REVIEW

現在分詞と過去分詞の違いは，修飾される語句が動作を行う方なのか，動作の受け手なのかという点でしたね。例文を学習する際にも動作をするのか，されるのかを意識しながら読むようにすると理解が深まるでしょう。現在分詞と過去分詞のどちらにすればよいのかまぎらわしく感じる動詞もあるかもしれませんが，そんなときには例文を何度も繰り返して頭に擦り込ませてしまうのが効果的です。

SCORE	1st TRY	2nd TRY	3rd TRY	CHECK YOUR LEVEL	
	/30点	/30点	/30点		▶ 0 ～ 19 点 ➡ *Work harder!* ▶ 20 ～ 24 点 ➡ *OK!* ▶ 25 ～ 28 点 ➡ *Way to go!* ▶ 29 ～ 30 点 ➡ *Awesome!*

比較

比較の基本表現を学んだら，今度は試験によく出る，比較にまつわるさまざまな慣用表現や熟語を学び取っていきましょう。特に，比較では最上級や as ... as，比較級の間での書き換えを求められる場合も多いので，これらの表現を文ごと覚え，英語の応用力を磨いていくことが大切です。

1 比較級・最上級の作り方

　基本的に，短い［1音節の語，2音節の語の一部］形容詞や副詞の場合，語尾に -er を付けて比較級，-est を付けて最上級に，長い［2音節の語の多く，3音節以上の語］形容詞や副詞の場合，原級の前に more を置いて比較級，most を置いて最上級とします。しかし，例外的に変化する形容詞・副詞もあるので，これらは出てくる度に少しずつ覚えていくと良いでしょう。まずは基本的な形を下記の表で確認してみましょう。

● 比較級と最上級の基本 ●

①比較級と最上級の語尾の変化

	原級	比較級：より…	最上級：最も…
	比較的短めの語	語尾に-erを付ける	語尾に-estを付ける
形容詞	high	higher	highest
副詞	fast	faster	fastest
	比較的長めの語	前にmoreを付ける	前にmostを付ける
形容詞	expensive	more expensive	most expensive
副詞	quickly	more quickly	most quickly

②基本的な比較級と最上級の使い方

☐ 比較級 than ..... 　　　　= ..... よりも…

　囫 John is taller than Mark. 　　　　（ジョンはマークよりも背が高い。）

☐ the 最上級 in 範囲 　　　　=（範囲）の中で最も…

　囫 Tom is the tallest boy in the class.（トムはそのクラスで最も背が高い少年だ。）

☐ the 最上級 of 比較対象 　　　　=（比較対象）の中で最も…

　囫 Tom is the tallest boy of the three.（トムは3人の中で最も背が高い少年だ。）

2 比較級を使った基本表現

> 問　Lake Biwa is larger than any ☐ in Japan.
>
> ① lakes　　　　　　② other lakes
>
> ③ other lake　　　　④ another lake
>
> 〔目白学園高〕

　「比較級 than any other 単数名詞」は，「どんな〜よりも…」という最上級と同じような意味を持つ表現。この文を最上級に書き換えると，Lake Biwa is the largest of all the lakes in Japan. となります。このような書き換えをしっかりできるようになることが，比較をマスターするうえで非常に大切なポイントです。

答⇒③（訳：琵琶湖は日本の他のどんな湖よりも大きい。）

Lesson **05** 比較

● 覚えておきたい最上級の書き換えの例 ●

☐ Lake Biwa is the largest lake in Japan.

= Lake Biwa is larger than **any other** lake in Japan.

= **No other** lake in Japan is larger than Lake Biwa.

= **No other** lake in Japan is as large as Lake Biwa.

3 倍数表現

　2倍，3倍などの倍数を表現するには，**倍数詞 as ... as 〜** という形を使います。倍数詞には，「**2倍**」のときは **twice**，3倍以上のときは three times のように☐ **times**（☐倍）を使います。

● 倍数表現 ●

☐ twice　　　　　　　　＝2倍

例 Jennifer earns twice as much money as her brother.
（ジェニファーは弟の2倍のお金を稼ぐ。）

☐ ☐ times　　　　　　　＝☐倍

例 My jacket is three times as expensive as yours.
（私のジャケットはあなたのものの3倍高価だ。）

4 比較の強調

> 問　The new building is 〔　　　〕 than the old one.
>
> ① more high ② more higher
> ③ lot higher ④ much higher

〔明治大付属明治高〕

　比較級を強調する場合には，**much** や **far** という副詞を使います。よって，答えは④ much higher を選びましょう。② more higher のように，more と -er を同時に使うことはできません。

　また，最上級を強調する場合には，much the 最上級，by far the 最上級（ずばぬけて…）という形で，**much** や **by far** を使うことも覚えておきましょう。

　答⇒④（訳：その新しい建物は古いものよりずっと高い。）

● 比較の強調 ●

【比較級の強調】（はるかに…，さらに…）

□ much ＋比較級

例 He is much taller than his brother.
（彼は弟よりもずっと背が高い。）

□ far ＋比較級

例 The new computer is far better than the old one.
（新しいコンピューターは古いものよりもずっと良い。）

□ even ＋比較級

例 She is even taller than her sister.
（彼女は姉よりもさらに背が高い。）

□ still ＋比較級

例 He is still more excited about the party than before.
（彼は以前よりもさらにパーティーに興奮している。）

- -

【最上級の強調】（ずばぬけて…）

□ much the ＋最上級

例 She's much the fastest runner in my class.
（彼女はクラスでずばぬけて最も速いランナーだ。）

□ by far the ＋最上級

　例 This amusement park is by far the most exciting one in Tokyo.

　　（この遊園地は東京でずばぬけて最も興奮する遊園地だ。）

□ the very ＋最上級

　例 He is the very best singer in the school choir.

　　（彼は学校の合唱団でずばぬけて一番上手な歌手だ。）

5 比較級・最上級で不規則変化をする形容詞・副詞

問　Yoshiko can speak English ☐ of all the girls.

① well　　　② good　　　③ better　　　④ best

〔千葉明徳高〕

　形容詞の good や副詞の well を比較級や最上級にすると，good[well]-better-best となります。ここでは，「上手に」という意味を考えて well の最上級 best を使うこと。「of all 複数名詞」というのは，最上級の後ろでよく使われる表現で，「すべての〜の中で」という意味です。

答⇒④（訳：ヨシコはすべての女子の中で一番上手に英語を話すことができる。）

● 比較級・最上級で不規則変化をする形容詞・副詞 ●

〈原形〉	〈意味〉	〈比較級〉	〈最上級〉
good	良い	better	best
well	上手に		
little	小さい，ほんのわずかの	less	least
bad	悪い	worse	worst
many	たくさんの（可算名詞）	more	most
much	たくさんの（不可算名詞）		

問1：次の英文の空所に入れるのに最も適当なものを選べ。

頻出 ☐ **1** He lives in a house twice as large ☐1☐ this.

  ① so   ② than

  ③ as   ④ in

〔日大豊山高〕

☐ **2** She had to run ☐2☐ as she could.

  ① as fast   ② so fast

  ③ too fast   ④ much faster

〔日大豊山高〕

☐ **3** My sweater is more expensive than yours, but ☐3☐ my mother's.

  ① cheap less than   ② less cheaper than

  ③ less expensive than   ④ expensive less than

〔大妻中野高〕

難 ☐ **4** Tom is the ☐4☐ person I've ever met.

  ① happier   ② happiest

  ③ more happy   ④ most happiest

〔中央大附属高〕

☐ **5** This is ☐5☐ useful book of all.

  ① the more   ② much

  ③ better   ④ the most

〔千葉明徳高〕

☐ **6** We worked ☐6☐ hours today than yesterday.

  ① few   ② many

  ③ less   ④ fewer

〔日大鶴ヶ丘高〕

答1 彼は，この家の2倍の大きさの家に住んでいる。

　　　 $\boxed{1}$ ⇒ ③ as

　　　 ▶英語で「□倍」を表現する場合には，「□ **times as ... as ～** 」という構文を使います。これは，「～の□倍…だ」という意味です。2倍と言う場合には，twice を使うこと。もちろん，空所に入るのは③ as です。

答2 彼女は，できる限り速く走らなければならなかった。

　　　 $\boxed{2}$ ⇒ ① as fast

　　　 ▶ **as ... as ～ can** は，「～にできるだけ…」という意味の重要表現。これは，as ... as possible にも書き換えることができます。ここでは，時制の一致で can の過去形の could が使われていることに注意しましょう。

答3 私のセーターはあなたのよりも値段が高いが，私の母のよりは高くない。

　　　 $\boxed{3}$ ⇒ ③ less expensive than

　　　 ▶ less は more の反対で，形容詞や副詞の前に置くと「～より…でない」という意味の比較級を作ることができます。ここでは，but の後ろは文脈上「より高価でない」と解釈できるので，③ less expensive than が正解です。

答4 トムは私が出会った中で最も幸せな人だ。

　　　 $\boxed{4}$ ⇒ ② happiest

　　　 ▶ happy のような2音節以下の短めの形容詞は，基本的に -est という語尾を付けて最上級にします。「**the 最上級 名詞 (that) S have ever V_{pp}**」は，「**S が今までに V した中で一番…な～**」という意味の重要表現。

答5 これはすべての中で最も役に立つ本だ。

　　　 $\boxed{5}$ ⇒ ④ the most

　　　 ▶ of all (すべての中で) という表現から，ここでは最上級の意味になると推測できます。useful のような -ful で終わる形容詞を比較級や最上級にする場合には，more や most を前に置きます。

答6 今日，私たちは昨日より少ない時間働いた。

　　　 $\boxed{6}$ ⇒ ④ fewer

　　　 ▶後ろに than があるので，**比較級**が使われます。不可算名詞の前に置いて「ほとんどない，ほんのわずかの」という意味になる **little** は，little-less-least と活用。可算名詞の前に置いて「ほんのわずかの，少数の」という意味になる **few** は，few-**fewer**-fewest と活用します。ここでは，直後の名詞 hours は可算名詞なので，few の比較級の④ fewer が正解。

□7 I don't have 〔7〕 as you.

① so many books   ② books so many

③ so less books   ④ more books

〔東京工業大附属工業高〕

□8 The climate of Tokyo is milder than 〔8〕 of New York.

① it   ② one

③ the one   ④ that

〔芝浦工大柏高〕

□9 Mary is 〔9〕 than Jane is.

① more happy   ② so happy

③ much happier   ④ very happier

〔専修大松戸高〕

頻出 **□10** He has 〔10〕 you do.

① books as many as ten times

② ten times as many books as

③ books ten times as many as

④ as ten times many books as

〔日大豊山高〕

答7 私はあなたほど多くの本を持っていない。

7 ⇒① so many books

⚠ ▶ **not so[as] ... as 〜** は，「**〜ほど…ではない**」という意味の重要表現。この構文では，so ... as you は修飾部分なので，取り去っても元の文が残るようにしなければなりません。①を入れて修飾部分を取り去ると，I don't have many books. となるため正解。②では，I don't have books many. となるので誤りです。

答8 東京の気候はニューヨークに比べて温暖だ。

8 ⇒④ that

▶比較の表現では，比べるものの種類を統一しなければなりません。「東京の気候」と比べるため「ニューヨークの気候」とします。そのためには the climate が入りますが，「the 名詞」が反復してくどい場合，代名詞の that を使って反復を避けることができます。「the 複数名詞」の反復を避ける場合は those を使います。

答9 メアリーはジェーンよりずっと幸せだ。

9 ⇒③ much happier

▶比較級を強調する場合には，much, far, even, still などの副詞を使います。ちなみに，the 最上級を強調する場合には，by far や much を使います。

答10 彼はあなたよりも 10 倍多く本を持っている。

10 ⇒② ten times as many books as

▶「□倍」を英語で表現する場合には，□ **times as ... as .....**（‥‥‥の□倍…だ）という表現を使います。ここで注意したいのは語順。「ten times as ... as 〜」の部分は，あくまでも修飾部分にすぎないので，この部分を取り去っても元の文が残らなければなりません。②を入れて修飾部分を取り去ると，He has many books. となるため正解。③では，He has books many. となるので誤り。①と④は ten times の位置が誤っています。したがって正解は② ten times as many books as です。

問2：日本文に合う英文になるように選択肢の語を並べ替え，空所に入るものを選べ。

☐ **11** この本はあの本ほど面白くない。（1語不要）

This book ＿＿＿ ＿＿＿ [11] ＿＿＿ [12] ＿＿＿ ＿＿＿ .

① that ② not ③ as ④ so
⑤ one ⑥ more ⑦ is ⑧ interesting

〔常総学院高〕

☐ **12** 若いうちにできるだけ多くの本を読みなさい。

＿＿＿ ＿＿＿ [13] ＿＿＿ ＿＿＿ [14] ＿＿＿ when you are young.

① you ② read ③ as ④ books
⑤ can ⑥ many ⑦ as

〔上宮太子高〕

◆難 ☐ **13** 冬は夏より陽が早く沈みます。

＿＿＿ ＿＿＿ ＿＿＿ [15] ＿＿＿ [16] ＿＿＿ in summer.

① earlier ② in ③ sets ④ than
⑤ the ⑥ sun ⑦ winter

〔同志社高〕

◆難 ☐ **14** 母は家族の中で一番早く起きる。（1語補足）

＿＿＿ ＿＿＿ ＿＿＿ [17] ＿＿＿ [18] ＿＿＿ ＿＿＿ .

① my ② my ③ mother ④ family
⑤ up ⑥ in ⑦ gets ⑧ the

〔城北高〈改〉〕

☐ **15** これは，今まで見た中で一番美しい景色です。

This is ＿＿＿ [19] ＿＿＿ ＿＿＿ [20] ＿＿＿ ＿＿＿ .

① view ② seen ③ beautiful ④ I
⑤ that ⑥ have ⑦ most ⑧ the

〔関東第一高〕

頻出 ☐ **16** 彼は他のどの少年よりも背が高い。

＿＿＿ ＿＿＿ ＿＿＿ [21] ＿＿＿ [22] ＿＿＿ .

① boy ② than ③ he ④ taller
⑤ other ⑥ is ⑦ any

〔成蹊高〕

答11 This book is not **so** interesting **as** that one.

⬚11 ⇒ ④ ⬚12 ⇒ ③ (7-2-**4**-8-**3**-1-5) 不要＝⑥ more

▶ **not so[as] ... as ～** は，「～ほど…ではない」という比較の意味を表すことができます。この文は「～より…でない」という意味の less ... を使って，This book is less interesting than that one. にも書き換えることができます。

答12 Read as **many** books as **you** can when you are young.

⬚13 ⇒ ⑥ ⬚14 ⇒ ① (2-3(7)-**6**-4-7(3)-**1**-5)

⚠ ▶ **as ... as ～ can** (～にできるだけ…) は重要表現。ここで注意したいのは語順。as ... as you can の部分は修飾部分だから，取り去っても正しい文が残らなければなりません。もし Read books as many you can としてしまうと，修飾部分を取り去ったときに Read books many という誤った文が残るので不可です。

答13 The sun sets **earlier** in **winter** than in summer.

⬚15 ⇒ ① ⬚16 ⇒ ⑦ (5-6-3-**1**-2-**7**-4)

▶ early のような「子音字＋y」で終わる副詞は，y を i に変えてから -er, -est を付けて比較級や最上級を作ります。ここでは，冬と夏を比較しているので，than の後ろには in winter の比較の相手である in summer が置かれています。

答14 My mother gets up **the** earliest **in** my family.

⬚17 ⇒ ⑧ ⬚18 ⇒ ⑥ (1(2)-3-7-5-**8**-X-**6**-2(1)-4) 補足＝ earliest

▶副詞 early (早く) の比較変化は，early-earlier-**earliest**。ここでは，「一番早く」という日本語に合わせて，最上級の earliest を使いましょう。最上級の後ろに**複数**名詞を置く場合には of を使い「(比較対象) の中で」とし，**単数**名詞が来る場合には in を使い「(範囲) の中で」とすることにも要注意です。

答15 This is the **most** beautiful view **that** I have seen.

⬚19 ⇒ ⑦ ⬚20 ⇒ ⑤ (8-**7**-3-1-**5**-4-6-2)

▶ **the 最上級 名詞 (that) S have (ever) V$_{pp}$** は，「S が今までに V した中で一番…な～」という意味の重要構文。この that は関係代名詞の目的格なので，省略することもできます。(→ p.79 Lesson 06 **1** ②目的格)

答16 He is taller **than** any **other** boy.

⬚21 ⇒ ② ⬚22 ⇒ ⑤ (3-6-4-**2**-7-**5**-1)

きそ ▶比較級 **than any other ～** (他のどんな～よりも…) は，最上級と同じような意味を表します。最上級を使って書き換えると，He is the tallest of all the boys. となります。

☐ **17** ジェーンほど速く泳げる生徒はこのクラスにはいません。

_____ | 23 | _____ _____ _____ | 24 | _____ Jane.

① can　② as　③ swim　④ as fast
⑤ in　⑥ this class　⑦ no　⑧ student

〔東海大付属浦安高〕

☐ **18** 日に日に寒くなってきています。（1語不要）

_____ _____ | 25 | _____ | 26 | _____ day by day.

① and　② getting　③ colder　④ got
⑤ is　⑥ colder　⑦ it

〔文教大付属高〕

☐ **19** 彼はギターを弾くのがクラスで一番上手です。

He _____ _____ | 27 | _____ | 28 | _____ _____ in his class.

① than　② the guitar　③ boy　④ any
⑤ better　⑥ other　⑦ plays

〔駒込高〕

☐ **20** 列車だと彼女の旅行はたいていもっと時間がかかるが，道が混んでいると車の方が列車よりはるかに遅い。

By train, her trip usually takes more time, but when traffic is heavy,

_____ _____ | 29 | _____ | 30 | _____ .

① slower　② the car　③ the train　④ than
⑤ is　⑥ much

〔専修大松戸高〕

答17 No **student** in this class can swim **as fast** as Jane.

23 ⇒ ⑧　24 ⇒ ④　(7-**8**-5-6-1-3-**4**-2)

▶否定語と as[so] ... as 〜 を組み合わせて，最上級と同じような意味を表すことができます。この文は，Jane can swim the fastest of all the students in this class. と書き換えることもできます。in this class が後ろから student を修飾する形にすることにも注意しましょう。

答18 It is **getting** colder **and** colder day by day.

25 ⇒ ②　26 ⇒ ①　(7-5-**2**-3(6)-1-**6**(3))　不要＝④ got

▶比較級 and 比較級 は「ますます…」という意味を表します。長い形容詞を使う場合には，「more and more 形容詞」という形になります。ここでは「寒くなりつつある」という意味なので，現在進行形を使います。get C は become C と同じ「C になる」という意味です。

答19 He plays the guitar **better** than **any** other boy in his class.

27 ⇒ ⑤　28 ⇒ ④　(7-2-**5**-1-**4**-6-3)

▶比較級 than any other 〜 (他のどんな〜よりも…) は，最上級と同じような意味を表します。最上級を使って書き換えると，He plays the guitar best of all the boys in his class. となります。

答20 By train, her trip usually takes more time, but when traffic is heavy, the car is **much** slower **than** the train.

29 ⇒ ⑥　30 ⇒ ④　(2-5-**6**-1-**4**-3)

▶「ずっと，はるかに，さらに」という意味で比較級を強調する場合には，much, far, even, still という副詞を使います。また，「ずばぬけて」という意味で「the 最上級」を強調したい場合には，by far や much を使うことにも注意しましょう。

REVIEW

比較の表現に関しては，頭の中で状況をイメージしながら学習することが非常に重要です。比較級 than 〜 (〜よりも…) や as ... as 〜 (〜と同じくらい…) というような重要表現に関しても，パターンをただ黙々と暗記するのではなく，比較されているもの同士の関係を頭の中で想像しながら例文を読んで，イメージを身に付けることが大切です。

SCORE	1st TRY	2nd TRY	3rd TRY	CHECK YOUR LEVEL	
	/30点	/30点	/30点		▶ 0 〜 19 点 ➡ *Work harder!* ▶ 20 〜 24 点 ➡ *OK!* ▶ 25 〜 28 点 ➡ *Way to go!* ▶ 29 〜 30 点 ➡ *Awesome!*

関係詞

🔊 LV2 Lesson06

> 関係詞は後ろにさまざまな形を伴って，前に来る名詞，つまり先行詞を修飾する
> ことができます。先行詞が何なのか，そして後ろに来ている形がどのような形な
> のかに注意して，使う関係詞を決めていく必要があります。問題を解きながら，
> それぞれの関係詞の使い方をきちんと整理しておきましょう。

1 関係代名詞

　関係代名詞の３つの用法について，それぞれ２文に分けて考えていきましょ
う。

①主格

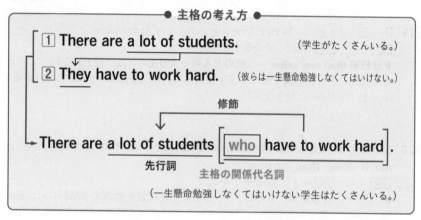

●　主格の考え方　●

1 There are a lot of students.　　（学生がたくさんいる。）

2 They have to work hard.　（彼らは一生懸命勉強しなくてはいけない。）

修飾

There are a lot of students [who have to work hard].
先行詞　　　　　　　　　　　主格の関係代名詞
（一生懸命勉強しなくてはいけない学生はたくさんいる。）

　主語が化けて，関係代名詞になったものを主格の関係代名詞といいます。
主格の関係代名詞の後ろには動詞が続きます。先行詞が**人**の場合には **who**，
物の場合には **which** を用います。また **that** は**人**と**物**，どちらの場合にも使
うことができます。動詞の形は先行詞に合わせます。

　この文では先行詞が人なので関係代名詞の who を使います。2の中で「先
行詞＝ They」は主語なので，２つの文をつなぐ who は主格の関係代名詞に
なります。ここでは who が関係詞節の中で主語の働きをしています。ちなみ
に，この文では先行詞の a lot of students が複数なので who **have** to と続き
ますが，先行詞が単数の場合は who **has** to となります。

②目的格

● 目的格の考え方 ●

① The book is interesting. （その本は面白い。）

② I bought a book yesterday. （私は昨日本を買った。）

修飾

The book (which) I bought ⟨ ⟩ yesterday is interesting.

先行詞　目的格の
関係代名詞

（私が昨日買った本は面白い。）

目的語が関係代名詞に化けたものが目的格です。先行詞が**人**の場合には**who(m)**，**物**の場合には**which** を用います。また **that** は**人**と**物**，どちらの場合にも使うことができます。そして，この目的格の関係代名詞は多くの場合，**省略**されます。目的格の関係代名詞の後ろには，**目的語のない不完全な文が続く**ことを知っておきましょう。

③所有格

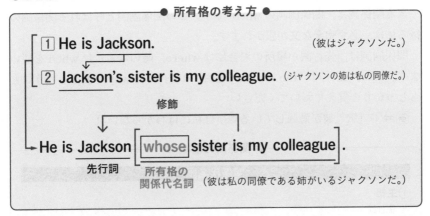

● 所有格の考え方 ●

① He is Jackson. （彼はジャクソンだ。）

② Jackson's sister is my colleague. （ジャクソンの姉は私の同僚だ。）

修飾

He is Jackson whose sister is my colleague.

先行詞　所有格の
関係代名詞 （彼は私の同僚である姉がいるジャクソンだ。）

先行詞の所有物を取り上げて説明する場合には，所有格の関係代名詞 whose が使われます。whose ＋所有物の直後には，動詞や主語＋述語動詞の節が続きます。

問 I have a friend [　　] father is a doctor.
　① who 　　② whose 　　③ whom 　　④ that

〔千葉明徳高〕

　空所の後ろに先行詞 a friend（友達）の所有物にあたる father が置かれています。関係代名詞の後ろに先行詞の所有物が置かれ，それを説明するような場合に使われるのが所有格の whose です。空所に日本語の助詞「の」を入れて，先行詞と後ろの名詞をつなぐことができる場合は whose が入ると考えましょう。

答⇒②（訳：私は父親が医者の友人がいる。）

2 関係副詞

問 I don't know the place [　　] .
　① where he is studying 　　② where is he study
　③ what does he study 　　④ which he is studying

　場所を表す言葉を先行詞として，後ろに完全な文を置いて修飾することができる関係詞は，関係副詞の where です。この関係副詞と呼ばれる関係詞の後ろには，必ず**完全な文**が置かれます。

　関係副詞は，先行詞が**場所**の場合には **where**，時の場合には **when** を使います。また，先行詞が **the reason**（理由）の場合には **why** を使うということもしっかりと覚えておいてください。

答⇒①（訳：彼が勉強している場所は私にはわからない。）

● 関係詞の基本 ●

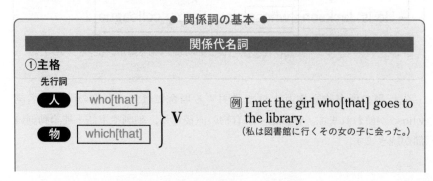

関係代名詞

①主格

先行詞

人　who[that]

物　which[that]

} V

例 I met the girl who[that] goes to the library.
（私は図書館に行くその女の子に会った。）

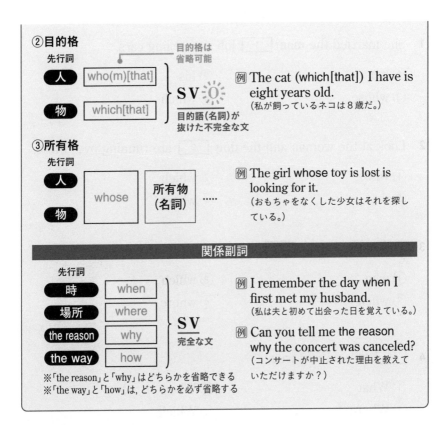

②**目的格**

先行詞

目的格は
省略可能

人　who(m)[that]

物　which[that]

} S V O̸

目的語（名詞）が
抜けた不完全な文

例 The cat (which[that]) I have is
eight years old.
（私が飼っているネコは8歳だ。）

③**所有格**

先行詞

人

物

whose

所有物
（名詞）

.....

例 The girl whose toy is lost is
looking for it.
（おもちゃをなくした少女はそれを探し
ている。）

関係副詞

先行詞

時　when

場所　where

the reason　why

the way　how

} S V

完全な文

例 I remember the day when I
first met my husband.
（私は夫と初めて出会った日を覚えている。）

例 Can you tell me the reason
why the concert was canceled?
（コンサートが中止された理由を教えて
いただけますか？）

※「the reason」と「why」はどちらかを省略できる
※「the way」と「how」は，どちらかを必ず省略する

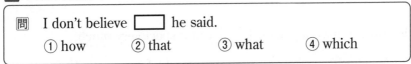

3 関係代名詞の what と that の違い

問　I don't believe ⬜ he said.

① how　　② that　　③ what　　④ which

　ここでは，空所の前に先行詞が存在しません。このような場合に使われる
のが関係代名詞の what で，中に「こと，もの」という意味の**先行詞を含んで
います**。そのため，主語や目的語として**名詞**の代わりをするかたまりを作る
ことができます。

　関係代名詞の what は，主格としても目的格としても使うことができ，後
ろには動詞や不完全な文が置かれます。この what を理解して頭に入れるた
めに，「**what＝the thing(s) which**」と覚えておきましょう。

　答⇒③（訳：私は彼の言ったことを信じない。）

Lesson

06

関
係
詞

問1：次の英文の空所に入れるのに最も適当なものを選べ。

☐ **1** She married the man ☐1☐ job was selling cars.

① her   ② his

③ whose   ④ which

〔中央大附属高〕

☐ **2** Look at the woman and the dog ☐2☐ are running over there.

① who   ② which

③ that   ④ whom

〔貞静学園高〕

☐ **3** This is the house ☐3☐ he built.

① who   ② which

③ when   ④ where

〔千葉明徳高〕

頻出 ☐ **4** ☐4☐ he said was true.

① What   ② When

③ Where   ④ Which

〔千葉明徳高〕

☐ **5** Do you have a person ☐5☐ you respect very much?

① whose   ② which

③ whom   ④ what

難 ☐ **6** I read all the books ☐6☐ I borrowed from the library.

① that   ② when

③ what   ④ whose

〔貞静学園高〈改〉〕

答1 彼女は車を売る仕事をしている男性と結婚した。

　　 1 ⇒ ③ whose

きそ ▶空所の前には，人を表す man という名詞，後ろにはその**所有物**といえる job という名詞が来ています。このように，空所の前後に「男性**の**仕事」のような所有関係がある場合には，**所有格**の関係代名詞③ whose が入ります。

答2 あそこで走っている女性と犬を見なさい。

　　 2 ⇒ ③ that

▶この文では，先行詞は the woman and the dog なので，全体として人とも物ともいえません。また，後ろには**動詞**が来ているので，**主格**の関係代名詞を入れるとわかります。このような場合には，③ that を入れましょう。

答3 これは彼が建てた家だ。

　　 3 ⇒ ② which

▶先行詞の the house は物で，空所の後ろには目的語のない he built という**不完全な文**が来ています。このような場合には，**目的格**の関係代名詞 which を入れること。ちなみに，関係代名詞の目的格は省略できるという点にも注意しましょう。

答4 彼が言ったことは本当だった。

　　 4 ⇒ ① What

▶先行詞がなく，空所の後ろには他動詞 said の後ろに目的語の抜けた**不完全な文**が来ています。ここには関係代名詞の① What が入ります。what は先行詞を含む関係代名詞で，**what .....** は **the thing(s) which .....**（‥‥‥ なこと，‥‥‥ なもの）に書き換えることができます。What he said（彼が言ったこと）がこの文の主語となっています。

答5 あなたはとても尊敬している人がいますか。

　　 5 ⇒ ③ whom

▶先行詞の a person は**人**を表し，空所の後ろには respect という他動詞の後ろに目的語が抜けた**不完全な文**が来ています。このような場合には，関係代名詞の**目的格**③ whom を入れます。関係代名詞の目的格は，実際には**省略されることが多い**ということも注意しておきましょう。

答6 私はその図書館から借りたすべての本を読んだ。

　　 6 ⇒ ① that

⚠ ▶空所の後ろには，他動詞 borrow の後ろに目的語が抜けた**不完全な文**が来ているので，ここには関係代名詞の**目的格**が入ることがわかります。また，先行詞 the books の前には，all という強い修飾語が付いています。このような all や every, only などの強い修飾語が先行詞に付いている場合には，which よりも that を使うことが多いということに注意。ここでは① that が正解です。

頻出 ☐ **7** This is the village ☐7☐ our teacher was born.

   ① which   ② that

   ③ in that   ④ where

難 ☐ **8** This is the first letter ☐8☐ I got from Canada.

   ① that   ② whom

   ③ when   ④ what

〔流通経済大付属柏高〈改〉〕

難 ☐ **9** When I had a chance to meet George, I found he was quite different from ☐9☐ he was in high school.

   ① as   ② that

   ③ which   ④ what

〔英検準2級〈改〉〕

☐ **10** This is a photo of the house ☐10☐ before we moved to Osaka.

   ① where we lived in   ② we lived

   ③ with which we lived   ④ we lived in

答7 ここが私たちの先生の生まれた村です。

　　　7 ⇒ ④ where

　　　▶先行詞の the village は,「村」という意味で**場所**を表す名詞です。そして空所の後ろには our teacher was born という**完全な文**が来ているので, ここでは関係代名詞を使うことはできません。このような場合は, 関係副詞の④ where を選ぶこと。

答8 これは私がカナダから受け取った初めての手紙です。

　　　8 ⇒ ① that

　　　▶先行詞は**物**を表す the first letter で, 後ろには目的語が抜けた**不完全な文**が続いています。こういう場合には関係代名詞の**目的格**を使うこと。先行詞に first や all, every などの強い修飾語が付いている場合には, 普通 that を使います。

答9 私がジョージと会う機会があったとき, 彼が高校生のときの姿と全く異なっていたことに気づいた。

　　　9 ⇒ ④ what

　　　▶関係代名詞 **what .....** は,「‥‥ なこと, ‥‥ なもの」という先行詞を含む名詞の働きをします。ここでは **what ～ was**（昔の～）という慣用表現で使われています。ちなみに, what ～ is は「現在の～」という意味です。

答10 これは私たちが大阪に引っ越す前に住んでいた家の写真だ。

　　　10 ⇒ ④ we lived in

　　⚠　▶関係詞の後ろに他動詞や前置詞で終わる**不完全な文**が来る場合には, **関係代名詞**の目的格 which や whom が使われます。これらは省略されることもあるので注意すること。一方, 関係詞の後ろに**完全な文**が来る場合は, **関係副詞**の where や, 関係代名詞の目的格の前に前置詞を置いた in which などが使われます。①は関係副詞 where の後ろに目的語のない不完全な文が来ているので不可。②は関係代名詞の目的格 which が省略されていると考えても, 後ろに完全な文が来ているので不可。③は前置詞が場所を表す in であるべきなので不可。④は関係代名詞の目的格 which が省略されていると考えて, 後ろに不完全な文が続くので正解。

Lesson

06

関係詞

問2：日本文に合う英文になるように選択肢の語を並べ替え，空所に入るものを選べ。

頻出 □ **11** 彼が書いたその本は何年も後になって出版された。

The ＿＿＿ 11 ＿＿＿ ＿＿＿ 12 ＿＿＿ ＿＿＿ ＿＿＿ later.

① which ② he ③ years ④ wrote

⑤ was ⑥ book ⑦ published ⑧ many

〔東海大付属浦安高〕

□ **12** 夕食で食べた魚はおいしかった。

＿＿＿ ＿＿＿ 13 ＿＿＿ ＿＿＿ ＿＿＿ ＿＿＿ 14 ＿＿＿ ．

① the ② delicious ③ we ④ for

⑤ was ⑥ had ⑦ dinner ⑧ fish

〔専修大松戸高〕

難 □ **13** 向こう側に見える少年がベンです。

＿＿＿ ＿＿＿ 15 ＿＿＿ 16 ＿＿＿ ＿＿＿ ＿＿＿ Ben.

① there ② see ③ over ④ is

⑤ you ⑥ whom ⑦ boy ⑧ the 〔東海高〕

□ **14** こういうわけで，単語は文の中で覚えた方がいいのです。

This is ＿＿＿ 17 ＿＿＿ ＿＿＿ 18 ＿＿＿ ＿＿＿ in a sentence.

① is ② why ③ learn ④ it

⑤ to ⑥ words ⑦ better 〔立教高〕

頻出 □ **15** 彼は持っていたお金をみんな使ってしまった。（1語不要）

He ＿＿＿ 19 ＿＿＿ ＿＿＿ 20 ＿＿＿ ＿＿＿ ．

① all ② every ③ had ④ he

⑤ money ⑥ spent ⑦ that ⑧ the 〔成城高〕

難 □ **16** 線路の向こうに屋根が見えるのが，私たちの教会です。

The building ＿＿＿ 21 ＿＿＿ ＿＿＿ 22 ＿＿＿ ＿＿＿

＿＿＿ our church.

① beyond ② roof ③ is ④ see

⑤ the railroad ⑥ can ⑦ you ⑧ whose

〔駿台甲府高〕

英語長文レベル別問題集 改訂版

シリーズ累計**140**万部のベストセラーがついに**改訂!**

＼ 圧倒的速読力を養成! ／

**中学レベルからの
やさしい演習!**

**やさしい長文で
基礎を固めよう!**

**入試標準レベルの
英文に慣れよう!**

**共通テスト＆中堅私大で
高得点をねらおう!**

**有名私大合格レベルの
得点力を身につける!**

**難関大入試に向けて
万全の固めをしよう!**

【著】安河内哲也／大岩秀樹
【定価】レベル①〜④:900円＋税／レベル⑤〜⑥:1,000円＋税
【体裁】A5判／144〜192頁／3色刷

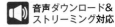

音声ダウンロード＆
ストリーミング対応

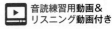

音読練習用動画＆
リスニング動画付き

本シリーズの特長

1 中学レベルから最難関大学レベルまで,
自分に合ったレベルからスタートして段階的に実力アップ!

2 実際の入試で出題された良質な英文を厳選。
改訂にともない, 最新の傾向に合ったテーマの英文を新規収録!

3 すべての問題文(英文)に音声&2種類の動画付き!
リーディング力とリスニング力を同時に強化!

志望校と本シリーズのレベル対照表

難易度	偏差値	志望校レベル		英検	本シリーズの レベル(目安)
		国公立大	私立大		
難 ↑ | | | | | | | | | | | ↓ **易**	〜 67	東京大, 京都大	国際基督教大, 慶應義塾大, 早稲田大	準1級	⑥最上級編
	66 〜 63	一橋大, 東京外国語大, 筑波大, 名古屋大, 大阪大, 北海道大, 東 北大, 神戸大, 東京都立大, 大阪 公立大	上智大, 明治大, 青山学院大, 立 教大, 中央大, 同志社大		⑤上級編
	62 〜 60	お茶の水女子大, 横浜国立大, 九 州大, 名古屋市立大, 千葉大, 京 都府立大, 奈良女子大, 金沢大, 信州大, 広島大, 都留文科大	東京理科大, 法政大, 学習院大, 武蔵大, 中京大, 立命館大, 関西 大, 成蹊大	2級	④中級編
	59 〜 57	茨城大, 埼玉大, 岡山大, 熊本大, 新 潟大, 富山大, 静岡大, 滋賀大, 高崎 経済大, 長野大, 山形大, 岐阜大, 三 重大, 和歌山大	津田塾大, 関西学院大, 獨協大, 國學院大, 成城大, 南山大, 京都 女子大, 駒澤大, 専修大, 東洋大, 日本女子大		
	56 〜 55	【共通テスト】, 宇都宮大, 広島市 立大, 山口大, 徳島大, 愛媛大, 高 知大, 長崎大, 福井大, 大分大, 鹿 児島大, 福島大, 宮城大	玉川大, 東海大, 文教大, 立正大, 西南学院大, 近畿大, 東京女子 大, 日本大, 龍谷大, 甲南大	準2級	③標準編
	54 〜 51	弘前大, 秋田大, 琉球大, 長崎県 立大, 名桜大, 青森公立大, 石川 県立大, 秋田県立大	亜細亜大, 大妻女子大, 大正大, 国士舘大, 東京経済大, 名城大, 福岡大, 杏林大, 白鷗大, 京都産 業大, 創価大, 帝京大, 城西大		
	50 〜	北見工業大, 室蘭工業大, 釧路公 立大, 公立はこだて未来大, 水産 大	大東文化大, 追手門学院大, 関 東学院大, 桃山学院大, 九州産業 大, 拓殖大, 摂南大, 沖縄国際大, 札幌大		②初級編
	—	難関公立高校(高1・2生)	難関私立高校(高1・2生)	3級	①超基礎編
		一般公立高校 (中学基礎〜高校入門)	一般私立高校 (中学基礎〜高校入門)		

**お問い
合わせ** 株式会社ナガセ 出版事業部(東進ブックス)
〒180-0003 東京都武蔵野市吉祥寺南町1-29-2
TEL:0422-70-7456 / FAX:0422-70-7457

答11 The book **which** he wrote **was** published many years later.

[11] ⇒ ① [12] ⇒ ⑤ (6-**1**-2-4-**5**-7-8-3)

▶関係代名詞の目的格 which, whom の後ろには, 目的語が抜けた不完全な文が来ます。ここでは, 他動詞 wrote の後ろに目的語がない不完全な文が来ています。抜けた目的語の部分に先行詞を置くと,「he wrote **the book**」という文が完成します。関係代名詞の目的格の前後には, 必ずこのような関係が成り立ちます。

答12 The fish **we** had for dinner **was** delicious.

[13] ⇒ ③ [14] ⇒ ⑤ (1-8-**3**-6-4-7-**5**-2)

▶ここでは, 関係代名詞の目的格 which が省略されています。そして, その後ろには had という他動詞の後ろに目的語が抜けた不完全な文が来る形になります。抜けている部分に先行詞を持ってくると「we had **the fish** for dinner」という完全な文が完成するという点に注意しましょう。

答13 The boy **whom** you **see** over there is Ben.

[15] ⇒ ⑥ [16] ⇒ ② (8-7-**6**-5-**2**-3-1-4)

▶関係代名詞の目的格 whom の後ろには, 他動詞や前置詞で終わった不完全な文が来なければなりません。ここでは, see という他動詞の後ろに目的語がない不完全な文となっています。この抜けている部分に先行詞の the boy を持ってくると「you see **the boy** over there」という完全な文ができます。

答14 This is why **it** is better **to** learn words in a sentence.

[17] ⇒ ④ [18] ⇒ ⑤ (2-**4**-1-7-**5**-3-6)

▶ **this is why S V** は,「こういうわけで S は V する」という意味の慣用表現。もともとは this is **the reason** why S V (これが S が V する理由だ) という表現だったものが, 先行詞の the reason が省略されてこの形になっています。

答15 He spent **all** the money **that** he had.

[19] ⇒ ① [20] ⇒ ⑦ (6-**1**-8-5-**7**-4-3) 不要＝② every

▶関係代名詞の目的格の後ろには, 目的語が抜けた不完全な文が来ます。この抜けている部分に先行詞を持ってくると, 完全な文になります。関係代名詞の目的格の前後には必ずこの関係が成り立ちます。また, 先行詞に all, every, only など強い修飾語が付いている場合, that が好んで使われることに注意しましょう。

答16 The building **whose** **roof** you can **see** beyond the railroad is **our** church.

[21] ⇒ ② [22] ⇒ ④ (8-**2**-7-6-**4**-1-5-3)

⚠ ▶先行詞の the building (建物) の所有物にあたる roof (屋根) を後ろに置いて説明するため, 関係代名詞の所有格 whose を使います。「先行詞 whose 所有物」の後ろには動詞や不完全な文が続くので, 他動詞 see の後ろに目的語がない形にします。

☐ 17 ロンドンに住んでいる友人が，私に手紙をくれた。

A friend ＿＿＿ 23 ＿＿＿ 24 ＿＿＿ ＿＿＿ ＿＿＿ ＿＿＿ a letter.

① has ② who ③ me ④ given

⑤ mine ⑥ lives ⑦ in London ⑧ of

〔大妻中野高〕

☐ 18 その湖へ行く道は彼しか知らないのですか。（1語不要）

＿＿＿ ＿＿＿ ＿＿＿ 25 ＿＿＿ 26 ＿＿＿ the way to the lake?

① the ② goes ③ he ④ that

⑤ knows ⑥ person ⑦ only ⑧ is

〔立教高〕

☐ 19 昨日私たちが会ったサッカー選手はとても背が高かった。

The football player ＿＿＿ 27 ＿＿＿ ＿＿＿ 28 ＿＿＿ ＿＿＿ .

① met ② whom ③ tall ④ very

⑤ we ⑥ was ⑦ yesterday

〔錦城学園高〕

☐ 20 彼はその機械の使い方を知っている技師の1人を知っている。

He ＿＿＿ ＿＿＿ ＿＿＿ 29 ＿＿＿ 30 ＿＿＿ ＿＿＿ use the machine.

① know ② one ③ to ④ the engineers

⑤ knows ⑥ how ⑦ who ⑧ of

〔芝浦工大柏高〕

答17 A friend of **mine** who **lives** in London has given me a letter.
　　　 23 ⇒⑤　 24 ⇒⑥　(8-5-2-**6**-7-1-4-3)
　▶「友人」を「友人の1人」と考えて「A friend **of mine**」とし，その後ろに主格の関係代名詞 who を置きます。関係代名詞の主格の後ろの動詞は，先行詞に合わせることに注意。先行詞は3人称単数の **a friend of mine**（私の友人）なので，3単現の s を忘れずに付けましょう。

答18 Is he the **only** person **that** knows the way to the lake?
　　　 25 ⇒⑦　 26 ⇒④　(8-3-1-**7**-6-4-5)　不要＝② goes
　▶「彼がその湖へ行く道を知っているただ1人の人ですか」という英文を考えます。先行詞 the only person は3人称単数なので，動詞 knows には3単現の s が付いているという点に注意。また，先行詞に only, every, all などの強い修飾語が付いている場合は，which や who より that が好んで使われます。

答19 The football player whom **we** met yesterday **was** very tall.
　　　 27 ⇒⑤　 28 ⇒⑥　(2-**5**-1-7-6-4-3)
　きそ ▶関係代名詞の目的格の後ろには，他動詞や前置詞の後ろに名詞が抜けている不完全な文が来ます。この抜けている部分に先行詞を持ってくると，完全な文が出来上がります。関係代名詞の目的格の前後には，必ずこのような関係が成り立つことに注意しましょう。また，この文の whom は省略することもできます。

答20 He knows one of **the engineers** who **know** how to use the machine.
　　　 29 ⇒④　 30 ⇒①　(5-2-8-**4**-7-1-6-3)
　▶関係代名詞の主格の後ろの動詞は，必ず先行詞に合わせます。先行詞は the engineers という複数形なので，3単現の s は必要ありません。know のような動詞を直後に置いて修飾部分を作るのは主格の関係代名詞です。

REVIEW

関係詞のあたりから英語に苦手意識を持ち始めたという方も多いのではないでしょうか。関係詞は，日本語ではなじみがないので難しく感じるかもしれません。しかし，使いこなせるようになると人や物，さらには場所や時，理由について後から情報を付け加えることができる非常に便利な表現です。問題を解いた後には例文を何度も繰り返し練習し，関係代名詞や関係副詞を使った文に慣れていきましょう。

	1st TRY	2nd TRY	3rd TRY		
SCORE	／30点	／30点	／30点	**CHECK YOUR LEVEL**	▶ 0 ～ 19 点 ➡ *Work harder!* ▶ 20 ～ 24 点 ➡ *OK!* ▶ 25 ～ 28 点 ➡ *Way to go!* ▶ 29 ～ 30 点 ➡ *Awesome!*

このステージで覚えた知識を総チェック！

04-06 中間テスト② 問題

⏱制限時間▶ 10 分
◎目標得点▶ 13 ／15点

■第1問　次の空所に入れるのに最も適当なものを選べ。

問1 Both players and supporters got too [1] during the game.
- ① excitement
- ② excited
- ③ exciting
- ④ excite

問2 She is more beautiful than any other [2] .
- ① girl
- ② a girl
- ③ girls
- ④ the girls

問3 A boy [3] John gave you a call while you were out.
- ① call
- ② calls
- ③ called
- ④ calling

問4 He was [4] at the bad news.
- ① surprise
- ② surprised
- ③ surprising
- ④ to surprise

問5 He is [5] than I.
- ① more taller
- ② much taller
- ③ very taller
- ④ most taller

問6 Look at that [6] window.
- ① break
- ② breaking
- ③ broke
- ④ broken

問7 This flower is [7] beautiful than that.
- ① so
- ② much
- ③ less
- ④ little

問8 I don't have [8] as you.
- ① money so much
- ② so much money
- ③ much more money
- ④ very much money

問9 What is the reason [9] you didn't come?
- ① which
- ② that
- ③ when
- ④ why

問10 [10] surprised me was his beautiful sister.
- ① That
- ② What
- ③ It
- ④ How

■第2問 下の選択肢を並べ替えて英文を完成させ，空所に入る番号を答えよ。

問11 ＿＿＿ ＿＿＿ [11] ＿＿＿ ＿＿＿ ＿＿＿ ＿＿＿ the corner?

   ① man   ② is   ③ that   ④ in

   ⑤ who   ⑥ standing   ⑦ tall

問12 That day I ＿＿＿ ＿＿＿ ＿＿＿ [12] ＿＿＿ ＿＿＿ ＿＿＿ .

   ① as   ② fast   ③ ran   ④ as

   ⑤ home   ⑥ I   ⑦ could

問13 ＿＿＿ ＿＿＿ ＿＿＿ [13] ＿＿＿ ＿＿＿ ＿＿＿ the church.

   ① the   ② we   ③ will   ④ to

   ⑤ all   ⑥ money   ⑦ make   ⑧ go

問14 Cars with air bags ＿＿＿ ＿＿＿ ＿＿＿ [14] ＿＿＿ ＿＿＿ ＿＿＿ .

   ① much   ② those   ③ them   ④ than

   ⑤ without   ⑥ safer   ⑦ are

問15 I ＿＿＿ ＿＿＿ ＿＿＿ [15] ＿＿＿ ＿＿＿ ＿＿＿ .

   ① in   ② the   ③ some   ④ singing

   ⑤ girls   ⑥ classroom   ⑦ heard

Lesson
06
中間テスト②問題

解答用紙

第1問	問1	問2	問3	問4	問5
	問6	問7	問8	問9	問10
第2問	問11	問12	問13	問14	問15

04-06 中間テスト② 解答

ADVICE

　今回は，分詞については現在分詞と過去分詞との使い分けに注意し，比較は比較級⇔最上級の書き換えをよく理解すること。また，関係詞は関係代名詞と関係副詞の違いに気をつけましょう。

　7点以下の人は，まだまだ復習不足！　次に進む前にもう一度ここまでの復習を。8点〜12点の人はとりあえず合格です。でも安心せずに，期間をあけて復習すること。13点以上の君はスゴイ！　次のテストまでこのまま頑張りましょう！

解説

■第1問

問1：excite「興奮させる」。過去分詞 excited「興奮した」。

　　　（訳：選手もファンもどちらも試合中に興奮した。）

問2：比較級 than any other 単数名詞「どんな〜よりも…」。

問3：過去分詞 called が後ろから A boy を修飾しています。

　　　（訳：ジョンという名の男の子があなたの留守中に電話してきました。）

問4：surprise「驚かす」。彼を主語にして，「彼がびっくりした。」と言う場合には，「彼が驚かされた」のように受動的に考えます。be surprised at 〜「〜に驚く」。

問5：much, far, even, still は比較級を強調します。

　　　（訳：彼は私よりずっと背が高い。）

問6：1語の過去分詞 broken が後ろの名詞 window を修飾して，「壊された窓（ガラス）」の意味を表します。

問7：than の前には必ず比較級が必要。less ... は「〜より…でない」の意味。

　　　（訳：この花はあれよりも美しくない。）

問8：「not so[as] ... as 〜」は「〜ほど…ではない」の意味。much は money の前に置きます。よって① money so much ではなく② so much money が正解。

　　　（訳：私は君ほど多くのお金を持っていない。）

問9：後ろが完全な文で the reason が先行詞の場合，関係副詞の④ why を用います。

　　　（訳：君が来なかった理由は何ですか。）

問10：前に先行詞がないので，① That は使えません。「the thing(s) which」の意味を表す② What が正解。

　　　（訳：私を驚かせたものは，彼の美しい姉だった。）

問11：「5-2-**3**-7-1-6-4」が正解。「Who is **that** tall man standing in the corner?（隅に立っているあの背の高い男の人は誰ですか。）」となります。現在分詞 standing が man を後ろから修飾しています。

問12：「3-5-1(4)-**2**-4(1)-6-7」が正解。「That day I ran home as **fast** as I could.（その日僕はできるだけ速く走って家に帰った。）」となります。as ... as ～ can は「～にできるだけ…」という意味。

問13：「5-1-6-2-**7**-3-8-4」が正解。「All the money we **make** will go to the church.（私たちは稼いだお金をすべて教会に寄付します。）」となります。関係代名詞 that の省略。make money は「稼ぐ」という意味。will を make の前に付けると，go は goes でなければならなくなるので誤り。

問14：「**7**-1-6-4-2-5-3」が正解。「Cars with air bags are much safer **than** those without them.（エアバッグ付きの車の方が付いていないものよりもずっと安全です。）」となります。比較級を強調する語 much，代名詞 those に注意。those without them は，the cars without air bags の意味です。

問15：「**7**-3-5-**4**-1-2-6」が正解。「I heard some girls **singing** in the classroom.（私は教室で何人かの女の子たちが歌っているのが聞こえた。）」となります。hear ～ **V**ing で「～が **V** しているのが聞こえる」の意味を表します。

解答

第1問	問1 ②	問2 ①	問3 ③	問4 ②	問5 ②
	問6 ④	問7 ③	問8 ②	問9 ④	問10 ②
第2問	問11 ③	問12 ②	問13 ⑦	問14 ④	問15 ④

SCORE	1st TRY	2nd TRY	3rd TRY	CHECK YOUR LEVEL	
	／15点	／15点	／15点	▶ 0 ～ 7 点 ➡ *Work harder!* ▶ 8 ～ 12 点 ➡ *OK!* ▶ 13 ～ 15 点 ➡ *Way to go!*	

リスニングが得意になるには？

　TOEIC や英検などの資格試験はもちろんですが，最近は大学入試でもリスニング試験の出題が増加しつつあります。その影響で，「リスニングが苦手なのですが，どうすればいいですか？」という質問があとをたちません。

　あたりまえのことですが，聞いてわかるためには，まず読んでわかるようにならなければなりません。それも，後ろから訳して英文の意味がわかるのではなく，簡単な英文でも構わないので，スラスラと左から右へと読んで理解できるような読解力が必要です。

　まずは，英文を声に出して音読してみましょう。声に出しながら，同時に意味がとれるようになれば，第一関門突破です。

　次は，一つ一つの単語の発音やイントネーションに注意して発音してみてください。今まであまり気にしていなかった発音記号にも興味を持って，少しずつ舌と唇を鍛えていくことが大切です。実は英語の「聞き取り」は発音と大きく関わっていて，自分できちんと発音できない単語はなかなか聞き取ることもできないのです。

　イントネーションに慣れるには，インターネット上の動画や映画，教材の音声の英語をできるだけまねて，カッコよく読もうとしてみることです。英語の歌を聞いたり，カラオケで英語の歌を歌うのも最高の訓練です。生活の中で，できるだけたくさんの英語を耳に入れるようにしましょう。

LV2
STAGE-3

前置詞・接続詞

名詞の前に置かれて，時や場所などの意味を付け加える前置詞にはさまざまな使い方がありますが，試験によく出るものはある程度絞られてきます。また，文と文をつなぐ接続詞は，特に複雑な文を解釈したり，長い英文を読んだりするときに非常に重要になってきます。どちらも，問題を解きながら頻出パターンをしっかりと覚えていきましょう。

1 前置詞 on の用法

問 I was born ☐ the evening of July 10.

① at ② in ③ on ④ from

〔常総学院高〕

「午前中に」「午後に」「夜に」と言う場合，普通は in the morning，in the afternoon，in the evening というように in を使って表現します。しかし，**特定の朝，昼，夜**のことを言う場合には，in という前置詞を on にしなければなりません。前置詞は時と場合による使い分けが非常に重要なので，普段からこまめにさまざまな前置詞の用法を文の中でチェックするように心がけましょう。

答⇒③ （訳：私は 7 月 10 日の夕方に生まれた。）

2 till[until] と by の違い

問 It is impossible for him to finish the work ☐ five o'clock.

① till ② on ③ at ④ by

〔日大豊山高〕

till も by も「～まで」という意味の前置詞ですが，たまたま日本語が同じというだけで，表す内容は全く違ったものです。till ～ は，until ～ と書き換えることもでき，「～まで（ずっと‥‥している）」という，その時点までの**継続**を表す場合に使われます。また，by ～ は「～まで（に‥‥してしまう）」という，その時点までに動作が**完了**する場合に使われます。

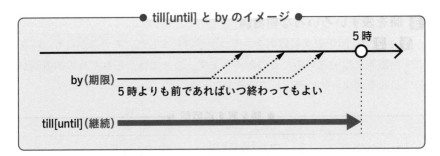

● till[until] と by のイメージ ●

5時

by（期限）
5時よりも前であればいつ終わってもよい

till[until]（継続）

　ここでは「5時までに仕事を仕上げてしまう」というように，その時点までの動作の完了を示す文脈で使われているので，答えは④ by です。

答⇒④（訳：彼がその仕事を5時までに終わらせることは不可能だ。）

　なお，till[until] は**接続詞**としても使うことができ，その場合には till[until] **S V**（**S** が **V** するまで）のように，後ろに直接，節（**S V**）が置かれます。それに対し，by は接続詞として後ろに節（**S V**）を置くことはできません。接続詞のように使うには by the time **S V**（**S** が **V** するまでに）という形にする必要があります。till と by 以外にも，接続詞として使われるのか，前置詞として使われるのかがまぎらわしいものがいくつかあります。特に頻出のものを下記で確認しておきましょう。

● まぎらわしい前置詞と接続詞 ●

☐ in spite of 〜　　　　　＝〜にもかかわらず（前置詞）

　例 In spite of the rain, they went to the park.
　（雨にもかかわらず，彼らは公園に行った。）

☐ though S V　　　　　　＝S が V するけれども（接続詞）

　例 Though it's raining, they went to the park.
　（雨が降っているけれども，彼らは公園に行った。）

☐ during 〜　　　　　　　＝〜の間（前置詞）

　例 He read a book during his break at work.
　（彼は仕事の休憩中に本を読んだ。）

☐ while S V　　　　　　　＝S が V する間（接続詞）

　例 While we were watching a movie, it started to rain.
　（私たちが映画を見ている間、雨が降り始めた。）

3 時を表すいろいろな前置詞

1と2で，時を表す前置詞をいくつか学習しました。そのほかにも，時を表す前置詞にはいろいろなものがあります。ここでは，それぞれの前置詞が持つ意味を例文と共に確認していきましょう。

● 時を表す前置詞 ●

☐ at ～	＝～［時刻］に
例 The ceremony will start at 7 p.m.	
（式典は午後7時に始まる予定だ。）	
☐ on ～	＝～［日付，曜日］に
例 We always have the meetings on Thursday.	
（私たちはいつも木曜日に会議を行う。）	
☐ in ～	＝～［月，季節，年など］に
例 Tokyo Skytree was built in 2012.	
（東京スカイツリーは2012年に建設された。）	
☐ from ～ to ～	＝～から～まで
例 We have a meeting from 6:30 to 7:30 today.	
（私たちは今日6時30分から7時30分まで会議がある。）	
☐ before ～	＝～より前に
例 My children always do their homework before 8 p.m.	
（私の子どもたちはいつも午後8時より前に宿題をする。）	
☐ after ～	＝～の後に
例 Maki and I will watch the movie after work.	
（マキと私は仕事の後にその映画を見るつもりだ。）	
☐ during ～	＝～の期間中に
例 Our family went to Okinawa during the summer vacation.	
（夏休みの間に家族で沖縄に行った。）	
☐ for ～	＝～［時間の長さ］の間
例 You have been driving for three hours.	
（あなたはもう3時間も運転している。）	

□ until[till] 〜　　＝〜までずっと

例 I have to be in the office until 9 p.m. today.

（今日は午後9時までは職場にいなければいけない。）

□ by 〜　　＝〜までに

例 You have to come back by 10 p.m.

（午後10時までには帰ってこないといけませんよ。）

4 命令文 , and[or] S V

問　Get up early, _____ you will miss the first train.

① and　　② but　　③ or　　④ when

〔常総学院高〕

　命令文の後ろに and を置くと，「そうすれば」という意味で後ろの文をつなぐことができます。また，or を置くと，「さもなければ」という意味で文をつなぐことができます。どちらの接続詞を使うかは，前後の文の意味のつながり（文脈）に注目すること。ここでは，「早く起きる」ということをしなければ「電車に乗り遅れる」という文脈なので，③ or が正解です。接続詞の問題の多くは，接続詞によってつながれる2つの文の意味関係によって答えを絞り込まなければなりません。

答⇒③（訳：早く起きなさい。さもないと始発電車に乗り遅れますよ。）

問1：次の英文の空所に入れるのに最も適当なものを選べ。

□1　Campbell has not seen Mason ☐1 .

① during a week　　② next week
③ last week　　④ for a week

難 □2　My father will come home ☐2 an hour.

① till　　② at
③ during　　④ in

〔専修大松戸高〕

□3　I was born ☐3 the morning of the third of May.

① in　　② on
③ at　　④ by

〔東海大付属浦安高〕

□4　You must come back ☐4 seven o'clock.

① till　　② in
③ by　　④ for

〔東海大付属浦安高〕

□5　The first period class begins ☐5 8:40.

① at　　② in
③ for　　④ from

〔成城高〈改〉〕

頻出 □6　It's very kind ☐6 you to help me.

① for　　② of
③ to　　④ with

〔青山学院高等部〕

答1 キャンベルはメイソンに1週間会っていない。

⬜1 ⇒ ④ for a week

▶不特定の期間を表して「〜の間」と言う場合には，**for** という前置詞を使うこと。ちなみに，**during** という前置詞は，後ろに the などの冠詞が付くような特定の期間が来る場合に使われます。③ last week は「先週」という過去の時点を表すので，現在完了形と共に使うことはできません。

答2 私の父は1時間もすれば帰ってくるでしょう。

⬜2 ⇒ ④ in

▶現在からの時間の経過を表して，「1時間経ったら」と言う場合には，**in** という前置詞を使います。after an hour や an hour later は過去形の文で使われることに注意しておきましょう。

答3 私は5月3日の午前中に生まれた。

⬜3 ⇒ ② on

きそ ▶「午前中に」は，普通は **in the morning** と表現します。ただ，「5月3日の午前中に」といった**特定の午前中**の場合には，**on the morning of 〜** のように on という前置詞が使われます。もちろん，このルールは afternoon（午後）や evening（夜）にもあてはまります。

答4 あなたは7時までに戻らなくてはいけません。

⬜4 ⇒ ③ by

▶ **by** という前置詞は「〜までに」という意味で，ある時間までに**完了**する場合に使います。これに対して **till[until]**（〜まで）という前置詞は，ある時間までずっと**継続**することを表します。この文では，7時までに戻ってくることが**完了**するわけですから，完了を表す③ by を選びましょう。

答5 1時間目は8時40分から始まる。

⬜5 ⇒ ① at

⚠ ▶**時刻**の前には，一点を表す **at** という前置詞が置かれます。**日付**の前には **on** が，週や月，年などの**長い期間**の場合には **in** が置かれることにも注意。「begin from 8:40」とは言いません。「8時40分から」と日本語で考えて from を選んでしまわないよう気をつけましょう。

答6 私を手伝ってくれるとは，あなたは親切ですね。

⬜6 ⇒ ② of

▶形式主語構文で不定詞の意味の上での主語を表そうとする場合，普通は **it is ... for 〜 to V**（〜にとって V するのは…だ）とします。ただし，it is の後ろに kind などの**人の性質を表す形容詞**が来ている場合は，for ではなく **of** という前置詞を使って，「**it is 人の性質を表す形容詞 of 人 to V**」という形をとります。

Lesson
07
前置詞・接続詞

☐ **7** [7] she is old, she can read without glasses.

① Because　　　　　② As

③ But　　　　　　　④ Though

〔目白学園高〕

☐ **8** You won't catch the train [8] you hurry.

① if　　　　　　　② as

③ or　　　　　　　④ unless

〔日大習志野高〕

☐ **9** Get up early, [9] you will catch the first train.

① and　　　　　　② but

③ or　　　　　　　④ so

〔東海大付属浦安高〈改〉〕

◆難 ☐ **10** Please be quiet [10] she is playing the violin.

① before　　　　　② until

③ while　　　　　　④ during

〔東京工業大附属工業高〈改〉〕

答7 彼女は年をとっているけれども，めがねなしで読むことができる。

⬚7⬚ ⇒ ④ Though

▶普通，年をとったら目は悪くなるはずなので，「年をとっている」と「めがねなしで読める」というのは，相反する内容を持った節と考えられます。このような2つの節をつなぐ場合，**but** や **though** などの接続詞が使われますが，この文のように2つの節の一番手前に置いて節と節をつなぐのは④ Though です。though **S V** で「**S** は **V** するけれども，**S** は **V** するにもかかわらず」となります。

答8 もしあなたが急がなければ，その電車に乗れないでしょう。

⬚8⬚ ⇒ ④ unless

▶ **unless S V** は「**S** が **V** しなければ，**S** が **V** しない限り」という意味で使われる接続詞で，if と not を合わせたような意味を持ちます。接続詞の問題を解くときには，つながれる2つの節の関係をよく検討して問題を解きましょう。

答9 早く起きなさい。そうすれば始発電車に間に合いますよ。

⬚9⬚ ⇒ ① and

きや▶命令文の後ろで「そうすれば」と言う場合には **and**，「さもないと」と言う場合には **or** という接続詞を使います。ここでは，前後の節の関係を考えて，① and が正解。

答10 彼女がバイオリンを弾いている間，どうか静かにしてください。

⬚10⬚ ⇒ ③ while

⚠️▶同じ意味を表す **while**（・・・・・する間）と **during**（〜の間）の区別に注意すること。**while** は**接続詞**なので後ろに**節**が続き，**during** は**前置詞**なので後ろに**名詞**が続きます。ここでは，空所の後ろには**節**が置かれているから，③ while が答えです。ちなみに① before や② until は接続詞としても前置詞としても使われる言葉ですが，ここでは意味が合わないので不可です。

Lesson
07
前置詞・接続詞

問2：日本文に合う英文になるように選択肢の語を並べ替え，空所に入るものを選べ。

☐ **11** 帽子を手にしたあの紳士は彼女の夫です。

The gentleman with ＿＿＿ ☐11☐ ＿＿＿ ☐12☐ ＿＿＿ .

① his ② her husband ③ hand ④ in

⑤ is ⑥ a hat

〔専修大松戸高〕

☐ **12** 彼女は1時間くらいでここに来るでしょう。

She ＿＿＿ ☐13☐ ＿＿＿ ☐14☐ ＿＿＿ ＿＿＿ ＿＿＿ ＿＿＿ .

① be ② hour ③ here ④ in

⑤ an ⑥ or ⑦ will ⑧ so

〔明治大付属明治高〕

☐ **13** 彼は1960年9月22日7時に生まれました。（1語不要）

He was ＿＿＿ ☐15☐ ＿＿＿ ☐16☐ ＿＿＿ ＿＿＿ ＿＿＿ .

① at ② 1960 ③ born ④ by

⑤ seven ⑥ on ⑦ in ⑧ September 22

〔常総学院高〕

☐ **14** 向こうの湖に浮かんでいる彼のボートが見えますか。

Can you see ＿＿＿ ＿＿＿ ☐17☐ ＿＿＿ ＿＿＿ ☐18☐ ＿＿＿ ?

① his ② the ③ there ④ over

⑤ on ⑥ boat ⑦ lake

〔錦城学園高〕

◆難 ☐ **15** 4回読んでやっとその文がわかりました。

I ＿＿＿ ＿＿＿ ☐19☐ ＿＿＿ ☐20☐ ＿＿＿ ＿＿＿ ＿＿＿ .

① times ② the sentence ③ read ④ understood

⑤ four ⑥ it ⑦ I ⑧ before

〔慶應義塾高〕

☐ **16** 母は大変忙しいので，私たちと一緒に行くことができません。

Mother ＿＿＿ ☐21☐ ＿＿＿ ＿＿＿ ＿＿＿ ☐22☐ ＿＿＿ ＿＿＿ .

① go ② busy ③ can't ④ is

⑤ with us ⑥ that ⑦ so ⑧ she

〔日本大高〕

答11 The gentleman with a hat **in** his hand **is** her husband.

⎕11⎕⇒④　⎕12⎕⇒⑤　(6-4-1-3-5-2)

▶前置詞 with は，**with ＋名詞＋ .....**（～を …… な状態にして）の形で，前の名詞を修飾することができます。..... には形容詞や分詞，「前置詞＋名詞」などが入ります。これを**付帯状況の with** といいます。この文では，with から hand までの部分が「帽子を手にした状態の」という意味で，前の名詞の The gentleman を修飾しています。

答12 She will **be** here **in** an hour or so.

⎕13⎕⇒①　⎕14⎕⇒④　(7-1-3-4-5-2-6-8)

▶**未来**を表す助動詞 **will** を使った文で，現在からの時間の経過を表す場合には，in という前置詞を使います。「1時間くらい」は，an hour or so。～ or so は「～かそこら」という意味です。

答13 He was born **at** seven **on** September 22 in 1960.

⎕15⎕⇒①　⎕16⎕⇒⑥　(3-1-5-6-8-7-2)　不要＝④ by

⚠ ▶**時刻**の前には **at**，日付の前には **on** という前置詞が置かれます。また，週や年，月，季節などの**比較的長い期間**を表す言葉の前には，**in** という前置詞が使われることにも注意。この文からわかるように，英語では小さな単位を前に，大きな単位を後ろに置くので，in 1960 が最後に来ます。

答14 Can you see his boat **on** the lake **over** there?

⎕17⎕⇒⑤　⎕18⎕⇒④　(1-6-5-2-7-4-3)

▶ **on** という前置詞は**接触**を表します。湖の上にボートが浮いていると言う場合は，湖にボートが接触しているように捉えられるので，on という前置詞が使われます。**over there** は「あそこで，あそこに」という意味の熟語。「on the lake over there」が前の his boat を修飾する形にします。

答15 I read the sentence **four** times **before** I understood it.

⎕19⎕⇒⑤　⎕20⎕⇒⑧　(3-2-5-1-8-7-4-6)

⚠ ▶ **before** や **after** は，**接続詞としても前置詞としても**使うことができます。ここでは，後ろに節を置いて，接続詞として使います。この文の直訳は「私は理解する前にその文を4回読みました」です。～ **times** は「～回」という意味。

答16 Mother is **so** busy **that** she **can't** go with us.

⎕21⎕⇒⑦　⎕22⎕⇒③　(4-7-2-6-8-3-1-5)

きそ ▶ **so ... that S can't[couldn't] V** は，「非常に…なので S は V できない［できなかった］」という意味の超重要表現。この文は，Mother is **too** busy **to** go with us. というように，**too ... to V**（…すぎて V できない）の構文を使って書き換えることもできます。

[頻出] □ **17** それは重要であるばかりでなく必要でもある。

_____ _____ [23] _____ _____ [24] _____ _____ .

① necessary ② it ③ important ④ only
⑤ is ⑥ but ⑦ not ⑧ also

〔湘南学園高〕

□ **18** タクシーがその病院の前で止まりました。

_____ _____ _____ [25] _____ _____ [26] _____ _____ .

① the ② a ③ hospital ④ in
⑤ taxi ⑥ of ⑦ stopped ⑧ front

〔湘南学園高〕

□ **19** 食べるのは手を洗ってからにしなさい。

_____ _____ [27] _____ [28] _____ _____ .

① hands ② eat ③ wash ④ before
⑤ don't ⑥ you ⑦ your

〔中央大附属高〕

□ **20** 父が到着したら，すぐにそのことを尋ねます。(1語不要)

I will ask _____ _____ _____ [29] _____ [30] _____ .

① arrives ② as he ③ when ④ about
⑤ as ⑥ my father ⑦ soon ⑧ it

〔桐蔭学園高〈改〉〕

答17 It is **not** only important **but** also necessary.

　　　23 ⇒ ⑦　　24 ⇒ ⑥　　(2-5-**7**-4-3-**6**-8-1)

　▶ **not only A but also B** は、「**A ばかりでなく B も**」という意味の重要表現。この表現では、also を省略して **not only A but B** とすることもできます。

答18 A taxi stopped **in** front **of** the hospital.

　　　25 ⇒ ④　　26 ⇒ ⑥　　(2-5-7-4-8-6-1-3)

　▶ **in front of ～**（～の前で）は、3つの単語で1つの大きな前置詞の働きをしています。この熟語は **before ～** にも書き換えることができます。**before** は**時間**だけではなく、**場所**についても「**～の前で**」という意味で使うことができます。

Lesson 07 前置詞・接続詞

答19 Don't eat **before** you **wash** your hands.

　　　27 ⇒ ④　　28 ⇒ ③　　(5-2-**4**-6-**3**-7-1)

　▶ **before** や **after** は、**接続詞としても前置詞としても使える**ということに注意してください。この文では後ろに you wash your hands という節を置いて、**接続詞**として before を使いましょう。直訳は「手を洗う前に食べてはいけません」です。

答20 I will ask my father about it **as** soon **as** he arrives.

　　　29 ⇒ ⑤　　30 ⇒ ②　　(6-4-8-**5**-7-2-1)　不要＝③ when

　▶ **as soon as S V**（S が V するとすぐに）を使うのがポイントです。また、ask A about B で「B について A に尋ねる」の意味を表します。

SCORE	1st TRY	2nd TRY	3rd TRY	CHECK YOUR LEVEL	
	/30点	/30点	/30点		▶ 0 ～ 19 点 ➡ *Work harder!* ▶ 20 ～ 24 点 ➡ *OK!* ▶ 25 ～ 28 点 ➡ *Way to go!* ▶ 29 ～ 30 点 ➡ *Awesome!*

時制・仮定法

> ここでは，さまざまな時制の使い分けと，現在や過去において，極めて実現する可能性が低いことに対して使われる仮定法という表現を勉強します。「私が鳥だったら」「あのときもっと練習しておけば」のように現実にはありえないようなことを言う場合に使われる表現です。

1 副詞節の中の時制

問 We will go on a picnic if it ☐ fine tomorrow.

① is   ② will be   ③ has been   ④ been

〔目白学園高〈改〉〕

　「明日晴れたら」という if 節は，「ピクニックに**行く**」という前の文の動詞の部分にかかっています。動詞を修飾するのは副詞なので，このような節のことを**副詞節**といいます。「**……ならば**」という条件を表す if 節や，**時間的なことを表す副詞節の中**では，**未来のことでも現在形や現在完了形で書かなければならない**というルールがあります。ここでは，特に完了の意味はないので，現在形の① is が正解です。未来形の② will be を選ばないように特に注意しましょう。

　答⇒①（訳：明日晴れたら，私たちはピクニックに行く予定です。）

2 現在完了形

問　A：Hello. May I speak to Keiko?

B：Sorry, she 　　　　 .

① has already come back from Tokyo

② has gone to Tokyo

③ has been to Tokyo

④ had gone to Tokyo

〔日大鶴ヶ丘高〈改〉〕

　完了形の問題の中でも特によく出るのが，have been to ～ と have gone to ～ の違いです。have been to ～ は「～に行ったことがある，～に行ってきたところだ」という意味になり，もう戻ってきていることを示します。それに対して，have gone to ～ は「～に行ってしまった」という，もうここにはいないことを示す意味があるので注意すること。ここでは，彼女がその場にいないということが会話から読み取れるので，② has gone to Tokyo が正解です。

答⇒②（訳：A：もしもし，ケイコとお話がしたいんですけど。

B：ごめんなさい，彼女は東京に行ったの。）

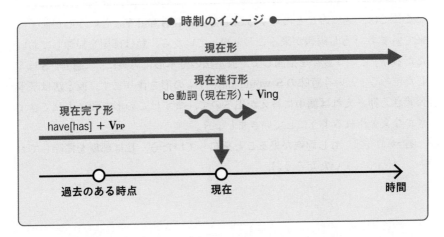

● 時制のイメージ ●

現在形

現在進行形
be動詞（現在形）＋ Ving

現在完了形
have[has] ＋ Vpp

過去のある時点　　　　現在　　　　時間

3 仮定法

> 問 If I had known my parents were going to come, I ☐ my room.
>
> ① had cleaned　　　　② would had cleaned
>
> ③ would have cleaned　④ cleaned

　現在や過去の事実と反対のこと，つまり現実にはないことやなかったこと，また実現する可能性が極めて低いことを表現するには**仮定法**という形が使われます。仮定法では現在のことは過去形，過去のことは過去完了形と，時制が1つ前にずれたような表現になります。まずは，基本形をしっかり押さえてそれを正確にあてはめていく訓練から始めること。

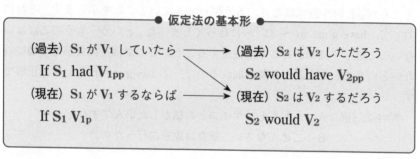

● 仮定法の基本形 ●

（過去）S_1 が V_1 していたら ── （過去）S_2 は V_2 しただろう

　　If S_1 had V_{1pp}　　　　　　　　 S_2 would have V_{2pp}

（現在）S_1 が V_1 するならば ── （現在）S_2 は V_2 するだろう

　　If S_1 V_{1p}　　　　　　　　　　 S_2 would V_2

　ここでは，過去のことに対する仮定を表す If S had V_{pp} という形が前半に来ています。「もし両親が来ることを知っていたら，私は部屋を掃除しておいただろう」という意味を推測して，仮定法の基本形に忠実に，「（過去）S は V しただろう」という意味の S would have V_{pp} の形を作ります。仮定法は基本公式さえ押さえれば簡単に答えが出るので，まずはこの形を頭に入れてさまざまな文を作れるようにしていきましょう。

　答⇒③（訳：もし両親が来ることを知っていたら，私は部屋を掃除しておいただろう。）

仮定法の文では，would の他にも could や might を使うことができます。それぞれ異なる意味を持つので，下記で確認しましょう。

● 仮定法 ●

①過去

☐ would have V_{pp}　　　＝ V しただろう

☐ could have V_{pp}　　　＝ V できただろう

☐ might have V_{pp}　　　＝ V したかもしれない

②現在

☐ would V　　　　　　＝ V するだろう

☐ could V　　　　　　＝ V できるだろう

☐ might V　　　　　　＝ V するかもしれない

（現在 - 現在）

　例 If I had a lot of money, I would buy a new car.
　（もしお金をたくさん持っていたら，新しい車を買うだろう。）

（過去 - 過去）

　例 If I had studied more, I might have passed the exam.
　（もっと勉強しておけば，テストに合格できていたかもしれない。）

（過去 - 現在）

　例 If we had left the hotel earlier, we could stop by the cafe.
　（もっと早くホテルを出発しておけば，そのカフェに立ち寄ることもできたのに。）

問1：次の英文の空所に入れるのに最も適当なものを選べ。

頻出 ☐ 1 Tom is ☐1☐ breakfast now.

① has ② to have
③ had ④ having

〔錦城学園高〈改〉〕

☐ 2 He said that he ☐2☐ apples.

① like ② likes
③ liked ④ liking

〔関東第一高〕

☐ 3 She ☐3☐ the piano when I came into the room.

① plays ② has played
③ is playing ④ was playing

〔立教高〕

☐ 4 John and Mary ☐4☐ for Chicago next month.

① leaves ② have left
③ left ④ are leaving

〔明治大付属明治高〕

☐ 5 He ☐5☐ Europe. He is not here in Japan.

① is going to ② has been to
③ has gone to ④ had gone to

〔東京学館浦安高〕

難 ☐ 6 Do you know when ☐6☐ ?

① does the play start ② will the play start
③ the play will start ④ the play has started

〔明治大付属明治高〕

答1 トムは今，朝食を食べている。

　　　□1□ ⇒ ④ having

きそ ▶ 文の終わりに **now**（今）があるので，現時点で進行している物事を表しています。「**be + Ving**」で「**V している**」という意味の現在進行形を作ることができます。**have** は，「**持っている**」という意味のときには進行形にはできませんが，ここでは「**食べている**」という意味なので進行形にすることができます。

答2 彼はリンゴが好きだと言った。

　　　□2□ ⇒ ③ liked

⚠ ▶ 英語では，同じ文の中で動詞がいくつか使われる場合，動詞の時制を一致させなければならないという**時制の一致**のルールがあります。ここでは，he said というように過去形の動詞が使われているので，that 以下の節でも過去形を使います。したがって③ liked が正解。

答3 私が部屋に入ったとき，彼女はピアノを弾いていた。

　　　□3□ ⇒ ④ was playing

▶ ここでは，when 以下の節が過去形で書かれているので，過去の時制を使わなければならないということがわかります。「私が部屋に入ったとき」という，過去の一時点でのことを表す過去進行形の④ was playing が正解です。

答4 ジョンとメアリーは来月シカゴに向けて出発する。

　　　□4□ ⇒ ④ are leaving

▶ 未来のことを表すには，**will** や **be going to** を使うことができますが，実は**進行形を未来形の代わりに使う**こともできます。ここでは，④ are leaving が正解。未来を表す進行形は，しばしば go，come，leave，arrive（到着する）などの「往来発着」を表す動詞について使われます。

答5 彼はヨーロッパに行っている。ここ日本にはいない。

　　　□5□ ⇒ ③ has gone to

▶ **have been to ～** は「**～に行ったことがある**」という意味で，**have gone to ～** は「**～に行ってしまった**」という意味になります。どちらも現在完了形を使った重要表現です。ここでは，彼はもう日本にいないわけですから，「ヨーロッパに行ってしまった」とわかります。答えは③ has gone to です。

答6 あなたはその劇がいつ始まるか知っていますか。

　　　□6□ ⇒ ③ the play will start

▶ **Do you know** などの後ろに，「**疑問詞＋S V**」を名詞のような働きをさせて組み込むときには，**疑問詞の後ろは肯定文の語順**になります。①と②は疑問文の語順をしているので不可。④の現在完了形は，when のように明確な時の一点を表す表現とは一緒に使われません。条件や時を表す副詞節内では未来のことであっても現在形を用いるのでしたね。しかし，ここでの when は when ＋ S V で「S が V するとき」という名詞節なので，未来形を使って問題ありません。よって，未来形の肯定文③ the play will start が正解。

Lesson 08 時制・仮定法

7 We will start when ⬚7 .

① he will get back   ② will he get back

③ he gets back   ④ does he get back

〔明治大付属明治高〕

8 As soon as he ⬚8 back, he will tell you the news.

① comes   ② will come

③ came   ④ come

〔東海大付属市原望洋高〕

9 If Ted ⬚9 here, he could help us clean our room.

① is   ② were

③ be   ④ being

〔英検準2級〕

10 If the weather had been nice yesterday, we ⬚10 on a picnic.

① have gone   ② will have gone

③ would go   ④ would have gone

答7 私たちは，彼が戻ってきたら始めるつもりです。

    7 ⇒③ he gets back

▲ ▶ **when** は「いつ」という疑問詞だけではなく，**when S V** の形で「**S が V すると
き**」という意味の**接続詞**としても使われます。このような「**時**」を表す副詞節の中
では，**未来のことでも現在形で表さなければならない**というルールがあります。
よって，正解は現在形の③ he gets back。

答8 彼は戻ってきたらすぐに，あなたにそのニュースを言うだろう。

    8 ⇒① comes

きそ ▶ **as soon as S V** は「**S が V するとすぐに**」という意味で，動詞にかかる副詞の
働きをする節，つまり**副詞節**です。このような副詞節の中では，未来のことでも
現在形で表現しなければなりません。ここでは主語が he なので，3人称単数の s
が付いた① comes が答えです。

答9 もしテッドがここにいたら，私たちの部屋の掃除を手伝えるだろう。

    9 ⇒② were

▶現在のことに対する仮定を表す文。**現在にありえないことを想定する場合**，if
節では**過去形**，主節では **would**, **could** などが使われます。ここでは過去形②
were が正解。仮定法の文では，be動詞の過去形は普通は was ではなく were を使
います。なお，help 〜 V は「〜が V するのを助ける」の意味です。

答10 もし昨日天気が良かったら，私たちはピクニックに行っていただろう。

    10 ⇒④ would have gone

▶過去のことに対する仮定を表す文。**過去にありえなかったことを仮定する場合**
には，if節では**過去完了形**，主節では **would have V$_{pp}$** や **could have V$_{pp}$** などが
使われます。ここでは，この形にあてはまる④ would have gone を選ぶこと。「ピ
クニックに行く」は go on a picnic と言います。

Lesson
08
時制・仮定法

問2：日本文に合う英文になるように選択肢の語を並べ替え，空所に入るものを選べ。

難 ☐ **11** 去年あなたがロンドンに行ったときはとても寒かったですか。

Was it ____ ____ ☐11 ____ ☐12 ____ last year?

① when ② very ③ visited ④ cold
⑤ you ⑥ London

〔錦城学園高〕

☐ **12** 彼は先週から仕事を休んでいます。

He ____ ☐13 ____ ____ ____ ☐14 ____ ____ .

① work ② last ③ absent ④ been
⑤ from ⑥ has ⑦ since ⑧ week

〔東海大付属浦安高〕

頻出 ☐ **13** あなたは今までにシカゴに行ったことがありますか。

____ ____ ☐15 ____ ☐16 ____ ?

① to ② have ③ been ④ Chicago
⑤ you ⑥ ever

〔志学館高〕

☐ **14** こんなに美しいメロディーを今まで聞いたことがありません。

I ____ ____ ☐17 ____ ☐18 ____ ____ ____ this.

① such ② melody ③ a ④ heard
⑤ as ⑥ beautiful ⑦ never ⑧ have

〔大妻中野高〕

頻出 ☐ **15** 彼が亡くなって3年になります。

____ ____ ☐19 ____ ☐20 ____ ____ .

① he ② three ③ have ④ since
⑤ passed ⑥ years ⑦ died

〔明治大付属明治高〕

難 ☐ **16** 新聞によると，アメリカでは寿司の人気が高まったそうだ。

It ____ ☐21 ____ ____ ____ ____ ☐22 ____ very
popular in America.

① has ② in ③ become ④ the newspaper
⑤ reported ⑥ that ⑦ is ⑧ sushi

〔開成高〕

答11 Was it very cold **when** you **visited** London last year?

　　　11 ⇒① 　12 ⇒③ （2-4-1-5-3-6）

　　▶先頭の be 動詞が was なので，過去の文だとわかります。when という接続詞を
使った **when S V**（**S が V するとき**）という表現をうまく使いこなしましょう。

答12 He has **been** absent from work **since** last week.

　　　13 ⇒④ 　14 ⇒⑦ （6-4-3-5-1-7-2-8）

　　▶現在までの継続を表す現在完了形の文。現在完了形は，have **V**pp の形で，現在
までの経験・継続・完了を表すことができます。継続を表す現在完了形の後ろに
くる **since**（・・・・・ 以来）は，前置詞や接続詞として使うことができます。「～を休
む［欠席する］」は be absent from ～という熟語で表します。

答13 Have you **ever** been **to** Chicago?

　　　15 ⇒⑥ 　16 ⇒① （2-5-6-3-1-4）

　　▶「～に行ったことがある」という意味を表す表現は，**have been to ～** を使うこ
と。ここでは，have been to の have が前に出て，疑問文になっています。また，
Have you ever Vpp **?** という表現は，「**今までに V したことがありますか**」という
意味で，現在完了形の**経験**を表す重要表現。

答14 I have never **heard** such a beautiful melody as this.

　　　17 ⇒④ 　18 ⇒③ （8-7-4-1-3-6-2-5）

　　▶経験を表す現在完了形の文。**have never V**pp（**これまでに一度も V したことが
ない**）の後ろに，**such a ... ～**（**こんなに…な～**）という表現が置かれると，**最上
級のような意味を表す**ことができます。この文は，This is the most beautiful
melody that I have ever heard. と書き換えることもできます。

答15 Three years **have** passed **since** he died.

　　　19 ⇒③ 　20 ⇒④ （2-6-3-5-4-1-7）

　　⚠ ▶**期間 have passed since S V**p という構文は，「**S が V してから～の期間が経つ**」
という意味の重要表現。この文は，**it is[has been] 期間 since S V**p という構文で
書き換えて，It is[has been] three years since he died. とも言えます。

答16 It is **reported** in the newspaper that sushi **has** become very popular in America.

　　　21 ⇒⑤ 　22 ⇒① （7-5-2-4-6-8-1-3）

　　▶先頭に来る it は形式主語で，後ろの that 節を指します。is reported は，受動態
で現在形。that 節の中の現在完了形は，あくまでも現在の状態を示す表現なので，
現在形と一緒に使われても全く不自然ではないことに注意。なお，It is reported
that **S V** の直訳は「**S が V すると報告されている**」で，これは It is said that **S V**（**S
が V すると言われている，S は V するそうだ**）と同様の表現です。

☐ **17** 今度の日曜日には何をするつもりですか。

_____ _____ _____ 23 _____ 24 _____ _____ ?

① Sunday ② do ③ what ④ next
⑤ you ⑥ are ⑦ to ⑧ going

〔東海大付属浦安高〕

☐ **18** 間もなく彼はそこに着くでしょう。

_____ _____ 25 _____ _____ _____ 26 _____ _____ there.

① he ② be ③ not ④ it
⑤ gets ⑥ will ⑦ before ⑧ long

〔明治大付属明治高〕

☐ **19** 彼が帰宅したとき，それについて彼に尋ねてみましょう。

I _____ 27 _____ _____ _____ 28 _____ _____ home.

① him ② comes ③ it ④ will
⑤ when ⑥ about ⑦ ask ⑧ he

〔志学館高〕

☐ **20** 雨が降り出さないうちに帰りましょう。

_____ _____ _____ 29 _____ 30 _____ _____ .

① back ② begins ③ go ④ it
⑤ let's ⑥ rain ⑦ to ⑧ before

〔同志社高〕

答17 What are you **going** to **do** next Sunday?

〔23〕⇒⑧ 〔24〕⇒② (3-6-5-**8**-7-**2**-4-1)

▶疑問詞の what を最初に置いて，疑問文の形を作りましょう。**未来を表す表現**の
be going to V を使いますが，疑問文では be 動詞を主語の前に出します。

答18 It will **not** be long **before** he gets there.

〔25〕⇒③ 〔26〕⇒⑦ (4-6-**3**-2-8-**7**-1-5)

きそ ▶ it will **not** be long **before** S V は，「**間もなく S は V するだろう**」という意味の
重要表現。これは，**S will V soon** と書き換えて，He will get there soon. とも言
えます。It won't be long. (長くはかからないよ。[すぐ終わるよ。]) という口語表
現もあります (won't は will not の短縮形)。

答19 I will **ask** him about it **when** he comes home.

〔27〕⇒⑦ 〔28〕⇒⑤ (4-**7**-1-6-**3**-5-8-2)

▶「それについて彼に尋ねる」は，ask him about it と表します。**when S V (S が V
するとき)** が，動詞を修飾する副詞節として使われているときには，未来のことで
も現在形で表さなければなりません。時を表す副詞節の中では現在形を使うとい
うルールは頻出なので，しっかりと覚えておきましょう。

答20 Let's go back **before** it **begins** to rain.

〔29〕⇒⑧ 〔30〕⇒② (5-3-1-**8**-4-**2**-7-6)

▶ **before** や **after** は，**前置詞や接続詞として使うことができます**。ここでは，後
ろに主語と述語を置いて接続詞として使います。「雨が降る」のは未来のことです
が，**before S V (S が V する前に)** は時を表す**副詞節**なので，現在形を使います。
「雨が降り出さないうちに」を「雨が降る前に」と言い換えて考えることが大切で
す。

Lesson **08** 時制・仮定法

REVIEW

仮定法をどんなときに使うのかがわからないという場合には，その出来事が現実に起
こりえる，起こりえたかどうかということに注目してみましょう。実現可能性が極め
て低いような「仮定」の話に対して使われるのが仮定法です。現実には起こりえない
けど「こうだったら良いのにな (良かったのにな)」ということを思い浮かべて，文
を作ってみると面白いでしょう。

SCORE	1st TRY	2nd TRY	3rd TRY	CHECK YOUR LEVEL
	/30点	/30点	/30点	▶ 0 ～ 19点 ➡ *Work harder!* ▶ 20 ～ 24点 ➡ *OK!* ▶ 25 ～ 28点 ➡ *Way to go!* ▶ 29 ～ 30点 ➡ *Awesome!*

名詞・代名詞

> 名詞や代名詞に強くなるには，まずは冠詞の a と the の違いをしっかり理解する
> ことが必要です。また，数えられる名詞（可算名詞）と数えられない名詞（不可
> 算名詞）の違いに気をつけて，さまざまな問題を考える力を磨くことも大切。辞
> 書には，可算名詞（countable）は Ⓒ，不可算名詞（uncountable）は Ⓤ という記号
> で示してあるので，普段から意識して勉強しましょう。

1 another の用法

> 問　I don't like this umbrella. Show me 　　　 , please.
>
> ① it　　　　② them　　　　③ another　　　④ other
>
> 〔東京学館浦安高〕

　この問題を解く際にまず知らなければならないのが，a と the の違い。**a
〜 は「(他にもある中で) ある 1 つの〜」，the 〜 は「(すでにどれだか知っ
ていると思うけど) 例のあの〜」**という意味を表します。ここでは，ある傘
が気に入らないから，「いろいろある中で別のもう 1 つの傘を見せてくれ」と
言っています。umbrella という名詞を補うとすれば，an umbrella が空所に
入ることになります。このような「a ＋名詞」の反復を避ける代名詞には，
one や「もう 1 つの」という意味を持った another があります。another は，
もともと an と other が組み合わされてできた代名詞です。なお，「the ＋名
詞」を代名詞に変えると it や that になります。

　答⇒③ （訳：この傘は好きじゃないわ。違うのを見せてください。）

2 other の用法

> 問　I have two brothers. One lives in Okayama and 　　　 lives
> in Sapporo.
>
> ① another　　② other　　　③ the other　　④ a second
>
> 〔植草学園文化女子高〕

　2 人の兄弟のうち，1 人が岡山に住んでいるということは，残ったのはあ
と 1 人。このように，あと 1 人だとわかりきっているものの前には the を付
けなければなりません。よって，ここでは③ the other が正解。2 つのもの

に関して，１つ，もう１つ（１人，もう１人）と言う場合には，one，the other という表現が使われます。① another は，他にも残りがある場合に使われることに注意しましょう。

　答⇒③（訳：私には２人の兄弟がいる。１人は岡山に住んでいて，もう１人は札幌に住んでいる。）

ここで，混乱しがちな other や another の用法を整理しておきましょう。

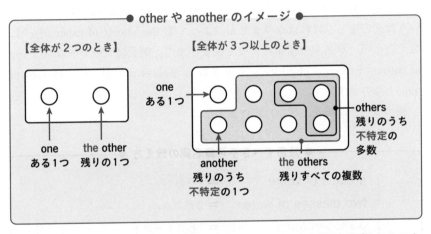

● other や another のイメージ ●

【全体が２つのとき】

one
ある１つ

the other
残りの１つ

【全体が３つ以上のとき】

one
ある１つ

others
残りのうち
不特定の
多数

another
残りのうち
不特定の１つ

the others
残りすべての複数

　another，the other などの区別は，冠詞の a と the の区別を理解することが基本です。冠詞の a は「（他にもある中で）ある１つの〜」という意味を表します。一方，the は「（すでにどれだか知っていると思うけど）例のあの〜」という意味で，相手がすでにどれだかわかっているような場合に用います。**another** は，other に a が付いてできた言葉なので，「**（他にもいろいろある中での）もう１つ**」という意味です。一方，**the other** は「**（誰がどう見てもそれ１つしか残っていない）最後の残り１つ**」という意味です。複数のものに関して言う場合も，「**（他にもいろいろある中で）いくつか別のもの**」と言う場合には **others**，「**最後に残った複数のものすべて**」と言う場合には **the others** が用いられます。

3 不可算名詞

問 Will you give me ⬜ ?

① five sheets of papers　　② five sheet of papers

③ five sheets of paper　　④ five sheet of paper

〔日大豊山高〕

「紙」という意味の paper は，普通は**不可算名詞**として扱います。不可算名詞を数える場合，例えば紙だったら a sheet of paper，two sheets of paper という数え方をしなければなりません。よって③ five sheets of paper が正解。数え方は不可算名詞の種類によってさまざまで，例えばコーヒーなら a cup of coffee，two cups of coffee，ミルクなら a glass of milk，two glasses of milk となります。

答 ⇒③ （訳：紙を5枚いただけますか。）

● 注意すべき不可算名詞の数え方 ●

☐ { a glass of water　＝1杯の水

　　 two glasses of water　＝2杯の水

☐ { a slice of toast　＝1枚のトースト

　　 two slices of toast　＝2枚のトースト

☐ { a piece of chalk　＝1本のチョーク

　　 two pieces of chalk　＝2本のチョーク

☐ { a sheet of paper　＝1枚の紙

　　 two sheets of paper　＝2枚の紙

4 不定代名詞

some (何人か, いくつか) や any (1人も, 1つも, 全く ‥‥‥ ない) のように, 不特定の人や物などを指す代名詞を**不定代名詞**といいます。多くの場合, some は**肯定文**, any は**疑問文や否定文**で使われます。それぞれの意味について, 下記の表で確認しておきましょう。

● 覚えておきたい不定代名詞 ●

代名詞	文の種類	意味
some	肯定文	何人か, いくつか
something		何か
someone		誰か
any	否定文・疑問文	1人も, 1つも, 全く ‥‥‥ ない
anything		何も ‥‥‥ ない, 何か
anyone		誰も ‥‥‥ ない, 誰か
nothing	肯定文	何も ‥‥‥ ない

問1：次の英文の空所に入れるのに最も適当なものを選べ。

☐ 1 You have a good camera. I want to buy 〔 1 〕, too.

① that   ② it
③ same   ④ one

〔法政大高〕

☐ 2 I don't like this bag. Please show me 〔 2 〕.

① one   ② another
③ it   ④ other

〔東海大付属浦安高〕

☐ 3 I have 〔 3 〕 to do this evening.

① many homeworks   ② a lot of homework
③ a few homework   ④ few homework

〔明治大付属明治高〕

◆難 ☐ 4 You can help some people, but you can't help 〔 4 〕.

① someone   ② anyone
③ no one   ④ everyone

〔中央大附属高〕

☐ 5 There's 〔 5 〕 wrong with the television. It works perfectly.

① something   ② everything
③ anything   ④ nothing

〔中央大附属高〕

頻出 ☐ 6 I have two brothers. One is in Osaka, and 〔 6 〕 is in Kobe.

① the others   ② the other
③ other   ④ others

〔東京学館浦安高〕

答1 あなたは良いカメラを持っていますね。私も1つ買いたい。

　　 $\boxed{1}$ ⇒ ④ one

　　▶特定の物を指して「**例のあの～**」と言う場合には **the**,「**他にもある中で1つの ～**」と言う場合には **a** が名詞の前に置かれます。私が買いたいのは相手が持っている特定のカメラではないので，空所の中には本来 a camera が入るはず。「a ＋名詞」の反復を避けて使われる代名詞は④ one。

答2 私はこのかばんが気に入らない。他のを見せてください。

　　 $\boxed{2}$ ⇒ ② another

　　▶他に何もなくてそれしかないと言う場合の「**もう1つ**」は **the other** で，**他にもいろいろとあることを想定して「もう1つ」**と言う場合には **another** が使われます。ここでは「いろいろあるかばんの中でもう1つ見せてくれ」と言っている状況なので，② another が正解です。

答3 私には今晩たくさんのやるべき宿題がある。

　　 $\boxed{3}$ ⇒ ② a lot of homework

　　▶ homework は不可算名詞なので，a や複数形の s を付けることはできません。また，可算名詞に使われる many や few という言葉も使うことができません。よって，ここでは可算名詞にも不可算名詞にも使われる a lot of（たくさんの）が答えです。

答4 あなたは何人かの人々は助けられるが，すべての人を助けることはできない。

　　 $\boxed{4}$ ⇒ ④ everyone

　　▶「**not ..... all 複数名詞**」や「**not ..... every 単数名詞**」は「**すべての～が ‥‥ というわけではない**」（部分否定）という意味です。「何人かの人々は助けられる」とあるので，④を入れて部分否定の文を作ること。② anyone だと「あなたは**誰も**助けることができない」（全面否定）という意味になるため文脈に合いません。

答5 そのテレビはどこも故障しているところはない。調子良く動く。

　　 $\boxed{5}$ ⇒ ④ nothing

　　きそ ▶ **there is something wrong with ～** は「**～はどこかおかしい，故障している**」，**there is nothing wrong with ～** は「**～はどこもおかしくない**」という意味の頻出表現です。後ろの文で，「テレビは完璧に作動している」とあるので，④ nothing を入れておかしなところはないとするのが自然です。

答6 私には2人の弟がいます。1人は大阪にいて，もう1人は神戸にいます。

　　 $\boxed{6}$ ⇒ ② the other

　　⚠ ▶2人（2つ）の人間や物のことを，「1人，もう1人」または「1つ，もう1つ」と言うときは，one と the other を使うこと。2つのうち1つを取ってしまうと，残りの1つは特定されるため the が付きます。

☐ **7** She went to a 〔7〕 high school.

① girl's　　　　　　　② girls's

③ girls'　　　　　　　④ girls

〔立教高〕

☐ **8** "Is this your dictionary?" "No, it's 〔8〕 ."

① mine　　　　　　　② me

③ his　　　　　　　　④ my

〔流通経済大付属柏高〈改〉〕

☐ **9** America is a beautiful country and the people 〔9〕 very kind.

① be　　　　　　　　② am

③ is　　　　　　　　④ are

〔関東第一高〕

頻出 ☐ **10** I went to the city hall by 〔10〕 , not on foot.

① my car　　　　　　② a car

③ the car　　　　　　④ car

〔芝浦工大柏高〕

答7 彼女は女子校に行った。

〔7〕⇒③ girls'

⚠ ▶女子校には女子生徒がたくさんいるわけですから，ここでは複数形を所有格にしたものを選ばなければなりません。複数形を所有格にする場合は，sの後ろに「'」を打ち，本来その後ろになければならないsは省略されます（girls's → girls'）。

答8 「これはあなたの辞書ですか。」「いいえ，それは彼のです。」

〔8〕⇒③ his

▶ your dictionary に答えて，もともとは his dictionary が空所の中に入るはずです。このように，「所有格＋名詞」の名詞の部分が直前と反復してくどい場合には，所有代名詞の his という形を使って反復を避けることができます。ちなみに，it's は「it is」の短縮形です。

答9 アメリカは美しい国で，国民はとても親切だ。

〔9〕⇒④ are

▶ **people** という単語は，普通「**人々**」という意味で，**複数形**の名詞として扱われます。よって，複数名詞の場合に使われるbe動詞の④ are が正解です。

答10 私は徒歩ではなく車で市役所に行った。

〔10〕⇒④ car

きそ ▶ by という前置詞の後ろで，交通手段を表す言葉を使う場合には，a や the の冠詞は使わず，by car や by bus などのように表現します。冠詞を使う場合は，in a car, on the bus のように，by ではなく in や on を使います。

問2：日本文に合う英文になるように選択肢の語を並べ替え，空所に入るものを選べ。

☐ **11** この上着をもっと小さなものと取り替えてください。(1 語補足)

____ ____ [11] ____ ____ ____ [12] ____ ____ ____ ____ ?

① you　　　　② change　　③ will　　　④ this

⑤ one　　　　⑥ jacket　　⑦ for　　　⑧ a

〔頴明館高〕

頻出 ☐ **12** コーヒーをもう 1 杯いかがですか。

____ ____ [13] ____ ____ [14] ____ ____ ____ ?

① like　　　　② of　　　　③ would　　④ cup

⑤ you　　　　⑥ coffee　　⑦ another

〔志学館高〕

☐ **13** 先生は手にチョークを2本持っていた。

The teacher ____ ____ [15] ____ ____ [16] ____ ____ ____ .

① hands　　　② pieces　　③ had　　　④ his

⑤ of　　　　　⑥ two　　　⑦ in　　　　⑧ chalk

〔文教大付属高〕

☐ **14** 彼の家は私の家の向かい側です。

His ____ ____ [17] ____ ____ [18] ____ ____ .

① mine　　　　② house　　③ from　　④ is

⑤ the　　　　⑥ street　　⑦ across

〔日大鶴ヶ丘高〕

頻出 ☐ **15** 彼は私の父の友人です。

____ ____ [19] ____ ____ [20] ____ ____ .

① my　　　　② a　　　　③ is　　　④ of

⑤ friend　　　⑥ he　　　⑦ father's

〔関東第一高〕

◆難 ☐ **16** 彼は息子を救うために全力を尽くした。

He ____ [21] ____ ____ [22] ____ ____ ____ .

① did　　　　② son　　　③ to　　　④ he

⑤ all　　　　⑥ his　　　⑦ save　　⑧ could

〔成蹊高〕

答11 Will **you** change this jacket **for** a smaller one?

⟦11⟧⇒① ⟦12⟧⇒⑦ (3-**1**-2-4-6-**7**-8-X-5) 補足＝ smaller

▶ one という代名詞は，名詞の反復を避けて使うことができます。ここでは，直前の jacket の反復を避けて，a smaller one（もっと小さな上着）という形を使います。また，**Will you V ?** は，「**V** してくれませんか。」という依頼を表す表現。**change A for B** は，「**A を B と交換する**」という意味の重要熟語です。

答12 Would **you** like **another** cup of coffee?

⟦13⟧⇒⑤ ⟦14⟧⇒⑦ (3-**5**-1-**7**-4-2-6)

きそ ▶ coffee は不可算名詞なので，「1杯」，「2杯」と数えるときには，a cup of coffee, two cups of coffee としなければなりません。「もう1杯」と言うときには，**another**（もう1つの）という形容詞を使って，another cup of coffee とします。**Would you like ～ ?** は，「**～はいかがですか。**」という意味の会話表現。

答13 The teacher had two **pieces** of **chalk** in his hands.

⟦15⟧⇒② ⟦16⟧⇒⑧ (3-6-**2**-5-**8**-7-4-1)

▶ chalk は不可算名詞なので，数えるときには a piece of chalk, two pieces of chalk というようにしなければなりません。不可算名詞には，冠詞の a や複数名詞の s を付けることはできないということに特に注意しておくこと。

Lesson
09
名詞・代名詞

答14 His house is **across** the **street** from mine.

⟦17⟧⇒⑦ ⟦18⟧⇒⑥ (2-4-**7**-5-**6**-3-1)

▶ His house is across the street from my house. にすると，house という名詞が反復してくどいので，「所有格＋名詞」の反復を避けるために mine という所有代名詞を使います。across は「～の向かいに」という前置詞です。

答15 He is **a** friend **of** my father's.

⟦19⟧⇒② ⟦20⟧⇒④ (6-3-**2**-5-**4**-1-7)

きそ ▶ my や your などの所有格と，冠詞の a や this（この），that（あの）は一緒に使うことができません。どうしても一緒に使いたい場合には，名詞の前に a, this, that などを置いて，「a 名詞 of 所有代名詞」の形を使いましょう。**a friend of mine**（**私の友達**）という表現は超頻出です。

答16 He did **all** he could **to** save his son.

⟦21⟧⇒⑤ ⟦22⟧⇒③ (1-**5**-4-8-**3**-7-6-2)

▶ **all** は「**すべての物事**」という意味の**代名詞**として使うこともできます。ここでは，all の後ろに関係代名詞の that が省略されています。また，could の後ろの do という動詞もわかりきっているので省略されています。この文の省略を補うと，He did all **that** he could **do** to save his son. となり，直訳すると「彼は息子を救うために彼にすることができたすべての物事をした。」となります。

□ **17** アメリカではこの地図がとても役立ちました。(1 語不要)

_____ _____ 　23　 _____ _____ 　24　 _____ America.

① I 　　　② map 　　　③ was 　　　④ in

⑤ great 　　⑥ this 　　　⑦ of 　　　⑧ use

〔常総学院高〕

□ **18** 家から職場まで歩いてわずか 5 分です。(1 語不要)

_____ _____ 　25　 _____ _____ 　26　 _____ to work.

① only 　　　② on foot 　　③ walk 　　　④ it's

⑤ my house ⑥ minutes' 　⑦ five 　　　⑧ from

〔東京工業大附属工業高〕

□ **19** お茶をもう 1 杯飲みませんか。(1 語不要)

_____ _____ 　27　 _____ _____ 　28　 _____ ?

① have 　　② another 　③ of 　　　④ will

⑤ tea 　　　⑥ you 　　　⑦ may 　　　⑧ cup

〔常総学院高〕

□ **20** 私は砂糖を少しと卵を少し欲しい。(1 語不要)

_____ _____ 　29　 _____ _____ 　30　 _____ .

① a little 　② a few 　　③ I 　　　④ eggs

⑤ want 　　⑥ sugar 　　⑦ and 　　　⑧ sugars

〔日本大高〕

130

答17 This map **was** of great **use** in America.

23 ⇒ ③ 24 ⇒ ⑧ (6-2-**3**-7-5-**8**-4) 不要＝① I

▶ be of use は「役に立つ」という意味の重要熟語。強調するには形容詞の great を使って be of **great** use とします。また，be useful という表現にも書き換えることができ，これを強調するには副詞の very を使って be very useful とします。

答18 It's only five **minutes'** walk **from** my house to work.

25 ⇒ ⑥ 26 ⇒ ⑧ (4-1-7-**6**-3-**8**-5) 不要＝② on foot

▶ it という代名詞は，**時間や距離，天気，明暗などを漠然と表す主語**として使うことができます。また，five minutes などの複数形の名詞を所有格にする場合，s の後ろに「'」を打つだけで良いことを覚えておきましょう。walk は「徒歩，歩行」という意味の名詞です。

答19 Will you have **another** cup **of** tea?

27 ⇒ ② 28 ⇒ ③ (4-6-1-**2**-8-**3**-5) 不要＝⑦ may

▶「1杯のお茶」は a cup of tea，「もう1杯のお茶」は another cup of tea と言います。Will you V？は「**V** してくれませんか，**V** しませんか。」の意味で，依頼や勧誘を表す表現です。

答20 I want a **little** sugar and a **few** eggs.

29 ⇒ ① 30 ⇒ ② (3-5-**1**-6-7-**2**-4) 不要＝⑧ sugars

⚠ ▶ sugar のような**不可算名詞**の前に置いて「少しの (少量の)」という意味になるのは **a little** です。また，egg のような**可算名詞**の前に置いて「2，3の (少数の)」という意味になるのは **a few**。また，まぎらわしい表現として few ＋可算名詞，little ＋不可算名詞 (ほとんど〜がない) があります。

REVIEW

このレッスンで登場した代名詞の使い分けは理解できましたか？　他の文法事項と同様，丸暗記でなく実際に使われている文や場面を通じて，その言葉の使われるイメージを身に付けることが，英語をマスターするために大事なステップです。日頃からたくさんの英語に触れることで，最終的には日本語に直して考えなくてもわかるぐらいになると素晴らしいですね。

	1st TRY	2nd TRY	3rd TRY	CHECK YOUR LEVEL	
SCORE	/30点	/30点	/30点		▶ 0 〜 19点 ➡ *Work harder!* ▶ 20 〜 24点 ➡ *OK!* ▶ 25 〜 28点 ➡ *Way to go!* ▶ 29 〜 30点 ➡ *Awesome!*

その他

🔊 LV2 Lesson10

最後は，さまざまな問題を解きながら，このレベル②の英文法を締めくくるために必要な頻出事項を網羅していきます。ここまでしっかり仕上げれば，このレベルの試験問題に関しては十分に合格点を取る力が付くでしょう。

1 付加疑問文

> 問 Let's go shopping in a department store, ☐ ?
>
> ① shall we ② do you
>
> ③ don't you ④ won't you
>
> 〔東海大付属市原望洋高〕

付加疑問文は，念押しや確認をするときに使われる表現。Let's V. という文の後ろに付加疑問文を付ける場合には，shall we という形を使わなければなりません。

ちなみに，shall we を文頭に置いて Shall we V ? という形で使っても，Let's V. と同じように「V しましょう。」という意味になることも覚えておきましょう。また，命令文の場合は「, will you?」という形になります。付加疑問文の作り方は下にまとめてあります。

答⇒①（訳：デパートに買い物に行きましょうよ，ねっ。）

```
───────── ● 付加疑問文 ● ─────────
```

◎付加疑問文は，文の動詞や助動詞に合わせて肯定と否定を逆転させて作る。

〈be 動詞〉　▶ You are a student, aren't you?

　　　　　　▶ You aren't a student, are you?

〈一般動詞〉　▶ You like apples, don't you?

　　　　　　▶ You don't like apples, do you?

　　　　　　※一般動詞の文では，do や does や did を使う

〈助動詞〉　　▶ You can play tennis, can't you?

　　　　　　▶ You can't play tennis, can you?

2 感嘆文

> **問** [____] a nice picture you have drawn!
>
> ① What　　　② I　　　③ How　　　④ Very
>
> 〔駒澤大高〕

　驚きや感動を表して，びっくりしたときに使われるのが感嘆文。感嘆文では what や how という疑問詞が使われますが，それぞれの使い方を正確に覚えておくことが大切です。

　what の場合は，**What a[an] 形容詞 名詞 S V！** もしくは，**What 形容詞 複数名詞 S V！** という形で使われて，「(S が V するのは) なんと…な～なのだろう。」という意味になります。また，how の場合には，**How 形容詞[副詞] S V！** という形で使われて，「なんと…に S は V するのだろう。」という意味になります。

　ここでは，空所の後ろに「a 形容詞 名詞」の形が来ているので，③ How ではなく① What が正解です。

　答⇒①　(訳：あなたはなんて素晴らしい絵を描いたんだ。)

3 注意すべき副詞

> **問** I'm going [____] after class.
>
> ① to home　　　　　② to back home
>
> ③ home　　　　　　④ to right home
>
> 〔日大鶴ヶ丘高〕

　home という言葉は，go や come などの移動を表す動詞の後ろでは，**副詞** として使われます。副詞は直接動詞を修飾できるので，**名詞の前に置く to や in などの前置詞は必要ない** という点に注意。ここでは，前置詞も何も付いていない③ home が答えです。

　同じような使い方をする副詞に abroad (外国へ) があります。この abroad も，前に to や in の前置詞を付けて使うことはありません。その他，間違えやすいものとして go upstairs[downstairs] もあります。

　答⇒③　(訳：私は放課後，家に帰るつもりだ。)

問1：次の英文の空所に入れるのに最も適当なものを選べ。

難 □1 The bathtub was ☐1☐ overflowing. I turned the water off just in time.

① nearly   ② hardly

③ closely   ④ already

〔灘高〕

□2 Have you ever seen an elephant ☐2☐ ?

① already   ② before

③ once   ④ then

〔洛星高〕

頻出 □3 On my way ☐3☐ I was caught in a shower and got wet to the skin.

① home   ② to home

③ for home   ④ at home

〔東京工業大附属工業高〈改〉〕

□4 ☐4☐ these books are!

① How interested   ② What an interesting

③ How interesting   ④ What interesting

〔東海大付属浦安高〕

□5 He made ☐5☐ that we were all tired.

① so a long speech   ② a so long speech

③ such long a speech   ④ such a long speech

〔法政大高〕

□6 I couldn't take part in the party yesterday, ☐6☐ could she.

① but   ② and

③ for   ④ nor

〔植草学園文化女子高〕

答1 浴槽はもう少しであふれるところだった。私は水を止めるのにちょうど間に合った。

   1 ⇒ ① nearly

▶ **nearly** や **almost** という副詞は「もう少しで **……しそうになる**」の意味，また **hardly** や **scarcely** という副詞は否定語で「**ほとんど……ない**」の意味があります。「ちょうど間に合って水を止めた」とあるから，「もう少しで水があふれるところだった」という状況を想像して① nearly を選ぶこと。

答2 あなたは以前にゾウを見たことがありますか。

   2 ⇒ ② before

きそ ▶ **Have you ever V$_{pp}$?** は，「**今までに V したことがありますか。**」という意味の現在完了形（経験）を使った重要表現。これに「**以前に**」という意味を付け足すときには，**before** という副詞を使わなければなりません。① **already** は「**すでに**」，③ **once** は「**一度**」，④ **then** は「**そのとき**」という意味です。

答3 帰宅途中に私はにわか雨に出くわし，ずぶぬれになった。

   3 ⇒ ① home

▶ **on one's way home** は，「**家に帰る途中**」という意味の重要表現。この表現の home は**副詞**として使われているので，前に前置詞を置くことはできません。これは，go home, come home でも同じなので，×go **to** home や ×come **to** home とはしないようにしましょう。

答4 これらの本はなんて面白いのだろう。

   4 ⇒ ③ How interesting

▶「**How 形容詞[副詞] S V !**」は「**なんと…に S は V するのだろう。**」という意味の驚きを表す表現。このような文のことを**感嘆文**といいます。interested は「**興味を持っている**」の意味で，人間を主語にとります。ここでは books が主語なので，「面白い」という意味の interesting を使った③ How interesting が正解です。

答5 彼は非常に長い演説をしたため，私たちはとても疲れた。

   5 ⇒ ④ such a long speech

⚠ ▶ **such**（こんな，そんな）という言葉を使うとき，語順は「**such a 形容詞 名詞**」となります。また，似たような意味の so を使う場合には，「**so 形容詞 a 名詞**」となります。これらにあてはまるのは，④ such a long speech だけ。ちなみに，これを so を使って書き換えると，so long a speech となります。

答6 私は昨日その会に参加できなかった。そして彼女もまた参加できなかった。

   6 ⇒ ④ nor

▶ **nor** という接続詞の後ろに，**助動詞と主語**を続けると，「**～もまた……ない**」という意味になります。また，前の文が be動詞を使った文の場合には，「**nor be動詞 主語**」という構文が使われることにも注意しておくこと。

頻出 ☐ **7** I can't ski, and my wife can't ☐ 7 ☐ .

① too   ② so
③ either   ④ neither

〔青山学院高等部〕

☐ **8** Let's go to the theater, ☐ 8 ☐ ?

① shall we   ② don't you
③ didn't you   ④ will you

〔東海大付属浦安高〕

☐ **9** Your parents went to the concert, ☐ 9 ☐ ?

① don't you   ② didn't you
③ doesn't he   ④ didn't they

〔東海大付属浦安高〕

難 ☐ **10** Don't close the door, ☐ 10 ☐ you?

① are   ② do
③ shall   ④ will

〔東海大付属浦安高〕

答7 私はスキーができないし，妻もできない。

⟨7⟩ ⇒③ either

▶「〜も」という表現を**肯定文**の後ろに付け加える場合には **too** を使いますが，**否定文**のときには **either** を使わなければなりません。

答8 映画館に行きませんか。

⟨8⟩ ⇒① shall we

きそ ▶ Let's V. という文の後ろに付加疑問文を付けるには，shall という助動詞を使って，「**....., shall we?**」としなければなりません。ちなみに，Shall we V ? も Let's V. と同じで，「**V しましょう。**」という意味です。

答9 あなたの両親はコンサートに行きましたね。

⟨9⟩ ⇒④ didn't they

▶付加疑問文を作るときには，前の文の動詞に合わせて助動詞や be 動詞を選択しなければなりません。前の文が**過去形の一般動詞**の場合，助動詞は **did** を使います。そして，前の文が**肯定文**の場合，**否定**の形 (didn't) にします。後ろに置く代名詞は，前の文の主語に合わせることも忘れないように。答えは④ didn't they です。

答10 ドアを閉めないでくださいね。

⟨10⟩ ⇒④ will

▶**命令文**の後ろに付加疑問文を付ける場合には，「**....., will you?**」という形を使います。ちなみに，**Will you V ?** は「**V してくれませんか。**」という依頼を表す重要表現です。

Lesson **10** その他

137

問2：日本文に合う英文になるように選択肢の語を並べ替え，空所に入るものを選べ。

難 ☐ **11** 週末は天気は良くないと思う。

I ____ ____ ☐11 ____ ____ ☐12 ____ ____ weekend.

① will   ② over   ③ be   ④ the
⑤ don't   ⑥ fine   ⑦ think   ⑧ it

〔東海大付属浦安高〕

☐ **12** 明日の天気はどうなるのだろう。

____ ____ ____ ☐13 ____ ☐14 ____ ?

① weather   ② be   ③ will   ④ like
⑤ tomorrow   ⑥ the   ⑦ what

〔成蹊高〕

☐ **13** この川の水はなんてきれいなんだ。(1語不要)

____ ☐15 ____ ☐16 ____ ____ !

① a   ② this   ③ what   ④ water
⑤ clean   ⑥ river   ⑦ has

〔法政大高〕

頻出 ☐ **14** 彼はなんてばかなことを言ったんだろう。

____ ____ ☐17 ____ ☐18 ____ !

① said   ② a   ③ he   ④ what
⑤ thing   ⑥ foolish

〔大妻中野高〕

☐ **15** 2階へ行って，お父さんにすぐ来るように言いなさい。

Go ____ ____ ☐19 ____ ☐20 ____ downstairs at once.

① and   ② tell   ③ come   ④ upstairs
⑤ to   ⑥ Father

〔日大豊山高〕

難 ☐ **16** 写真が同封された手紙を受け取ったとき，彼はなんと興奮して見えたことでしょう。

____ ☐21 ____ ☐22 ____ ____ ____ ____ with some
pictures in it!

① when   ② looked   ③ received ④ how
⑤ he   ⑥ he   ⑦ excited   ⑧ a letter

〔海城高〕

答11 I don't think **it** will be **fine** over the weekend.

⌊11⌋⇒⑧ ⌊12⌋⇒⑥ (5-7-**8**-1-3-**6**-2-4)

▶ it という代名詞は，漠然と天気や明暗などを表して使うことができます。ここでは，I don't think の後ろに，名詞節を作る接続詞の that が省略された形を使います。「週末の間」は over the weekend と言います。

答12 What will the **weather** be **like** tomorrow?

⌊13⌋⇒① ⌊14⌋⇒④ (7-3-6-1-2-4-5)

▶ **What is ～ like?** は「～はどのようなものですか。」という意味の重要表現。この文で使われている **like** は，「～のような」という意味の**前置詞**です。the weather will be ..... を疑問文にすると，will が the weather の前に置かれます。

答13 What **clean** water **this** river has!

⌊15⌋⇒⑤ ⌊16⌋⇒② (3-**5**-4-**2**-6-7) 不要＝① a

▶「**What (a) 形容詞 名詞 S V！**」は，「なんと…な～なのだろう。」という意味の驚きを表す構文で，このような文のことを感嘆文といいます。water は不可算名詞なので，a は付きません。なお，感嘆文には，「**How 形容詞［副詞］S V！**」という形があることにも注意しておきましょう。

答14 What a **foolish** thing **he** said!

⌊17⌋⇒⑥ ⌊18⌋⇒③ (4-2-6-5-3-1)

きそ ▶「**What a 形容詞 名詞 S V！**」は，「なんと…な～なのだろう。」という意味の驚きを表す表現。このような文のことを感嘆文といいます。感嘆文には，「**How 形容詞［副詞］S V！**」というもう1つの形があることにも注意しておきましょう。

Lesson 10 その他

答15 Go upstairs and **tell** Father **to** come downstairs at once.

⌊19⌋⇒② ⌊20⌋⇒⑤ (4-1-**2**-6-5-3)

▶ upstairs や downstairs は**副詞**ですから，前に前置詞を付けて ×go **to** upstairs や ×come **to** downstairs としてはなりません。同じように，前に to や in などの前置詞を付けない副詞には，**abroad（外国へ，外国で）**があります。ちなみに，自分の父を指すときは固有名詞扱いにして，無冠詞で Father と表すこともできます。

答16 How **excited** he **looked** when he received a letter with some pictures in it!

⌊21⌋⇒⑦ ⌊22⌋⇒② (4-**7**-5(6)-**2**-1-6(5)-3-8)

▶「**How 形容詞［副詞］S V！**」は，「なんと…に S は V するのだろう。」という意味の感嘆文の表現。look excited で「興奮しているように見える」の意味を表します。また，**when S V** という接続詞を使った表現は「S が V するとき」という意味になります。

☐ **17** メアリーか妹のどちらかが昼食を作らなければなりません。

___ ___ [23] ___ ___ [24] ___ ___ lunch.

① make ② sister ③ either ④ has

⑤ Mary ⑥ her ⑦ to ⑧ or

〔志学館高〕

☐ **18** あなた宛の手紙が来ています。

___ [25] ___ ___ [26] ___ .

① letter ② is ③ here ④ a

⑤ you ⑥ for

〔正則高〕

☐ **19** 教室には誰もいない。

___ [27] ___ ___ [28] ___ .

① any ② the ③ in ④ aren't

⑤ there ⑥ boys ⑦ classroom

〔正則高〈改〉〕

☐ **20** あなたは，少しも疲れていないみたいだ。(2 語不要)

You ___ ___ [29] ___ ___ [30] ___ .

① a ② tired ③ all ④ little

⑤ at ⑥ look ⑦ not ⑧ do

〔東海大付属浦安高〕

答17 Either Mary **or** her sister **has** to make lunch.

　　[23] ⇒ ⑧　[24] ⇒ ④　(3-5-**8**-6-2-**4**-7-1)

　　▶「**A か B のどちらか**」は，**either A or B** という形を使います。「どちらか（1人）」ですから，それに続く動詞は 3 人称単数になります。また，**neither A nor B** だと「**A も B もどちらも ‥‥‥ ない**」，**both A and B** は「**A と B の両方**」という意味になります。

答18 Here **is** a letter **for** you.

　　[25] ⇒ ②　[26] ⇒ ⑥　(3-**2**-4-1-**6**-5)

　　▶ **Here is ~** は，「ここに~があります」という意味の会話表現。これは，**There is[are] ~**（~がいる，~がある）という**存在**を表す構文の親戚です。この Here や There の後ろの be 動詞は，後ろに続く名詞に合わせることにも注意。名詞が複数形なら，is ではなく are になります。

答19 There **aren't** any boys **in** the classroom.

　　[27] ⇒ ④　[28] ⇒ ③　(5-**4**-1-6-**3**-2-7)

　⚠　▶ **There is[are] ~** は，「**~がいる，~がある**」という意味で，**存在**を表す重要構文。この構文での be 動詞の形は，後ろに続く名詞に合わせなければなりません。この文では，any の後ろは複数名詞 (boys) なので，ここでは aren't が使われていることに注意しましょう。

答20 You **do** not **look** tired at all.

　　[29] ⇒ ⑥　[30] ⇒ ⑤　(8-7-**6**-2-**5**-3)　不要＝① a，④ little

　　▶ **not ..... at all** は，「**全く ‥‥‥ ない**」という完全な否定を表す重要表現。「少しも」につられて④ little を使わないように注意しましょう。また，「**look ...**」で，「**…に見える**」という意味になることにも注意しましょう。

REVIEW

これですべてのレッスンが終了です。基本的な英文法を身に付けてから，たくさんの英文に触れることが英語をマスターする近道です。英文法の問題が解けただけでは，残念ながら英文法をマスターしたとはいえません。ここで満足せずに，このあとは付属の音声を使って復習しましょう。音声の発音をまねながら繰り返し音読していくうちに，文法がどんどん頭に染み込んでいきますよ！

SCORE	1st TRY	2nd TRY	3rd TRY	CHECK YOUR LEVEL	
	╱30点	╱30点	╱30点		▶ 0 ～ 19 点 ➡ *Work harder!* ▶ 20 ～ 24 点 ➡ *OK!* ▶ 25 ～ 28 点 ➡ *Way to go!* ▶ 29 ～ 30 点 ➡ *Awesome!*

■第1問　次の空所に入れるのに最も適当なものを選べ。

問1　I asked him ☐ 1 ☐ .
①what is he doing　　　　　②what he was doing
③what he is doing　　　　　④what are you doing

問2　Is this Jiro's pen or ☐ 2 ☐ ?
①you　　②your　　③yours　　④your's

問3　☐ 3 ☐ interesting this book is!
①How　　②How an　　③What　　④What an

問4　Jane has two cats. One is brown and ☐ 4 ☐ is white.
①other　　②another　　③others　　④the other

問5　Have you ☐ 5 ☐ to Nara?
①been yet　　　　②ever been
③ever gone　　　　④ever visited

問6　Let's go shopping, ☐ 6 ☐ ?
①will you　　　　②won't you
③shall we　　　　④don't we

問7　Let's go out ☐ 7 ☐ .
①when he comes back　　　②when he will come back
③if he came back　　　　　④his coming back

問8　I want to live in a house ☐ 8 ☐ a swimming pool.
①in　　②on　　③with　　④of

問9　If I ☐ 9 ☐ enough money now, I could buy this car.
①have　　②had　　③am having　　④will have

問10　"I'm not hungry." " ☐ 10 ☐ am I."
①So　　②Either　　③Neither　　④Too

■第2問　下の選択肢を並べ替えて英文を完成させ，空所に入る番号を答えよ。

問11 Start ＿＿＿ ＿＿＿ , [11] ＿＿＿ ＿＿＿ ＿＿＿ the train.

① right　　　② you　　　③ away　　　④ miss

⑤ will　　　⑥ or

問12 Nancy is ＿＿＿ ＿＿＿ [12] ＿＿＿ ＿＿＿ ＿＿＿ ＿＿＿ ＿＿＿ .

① by　　　② she　　　③ so　　　④ is

⑤ kind　　　⑥ liked　　　⑦ that　　　⑧ everyone

問13 Will you ＿＿＿ [13] ＿＿＿ ＿＿＿ ＿＿＿ ?

① glass　　　② have　　　③ of　　　④ another

⑤ milk

問14 What ＿＿＿ [14] ＿＿＿ ＿＿＿ ＿＿＿ ＿＿＿ !

① making　　　② an　　　③ speech　　　④ interesting

⑤ is　　　⑥ he

問15 He ＿＿＿ ＿＿＿ [15] ＿＿＿ ＿＿＿ ＿＿＿ to this room.

① came　　　② ten　　　③ you　　　④ left

⑤ minutes　　　⑥ before

解答用紙

第1問	問1	問2	問3	問4	問5
	問6	問7	問8	問9	問10
第2問	問11	問12	問13	問14	問15

07-10 中間テスト③ 解答

解説

■第1問

問1：what 以下は間接疑問文なので，「主語＋述語」という肯定文の語順にします。asked の時制に一致させて be 動詞を was にすることも注意。

問2：yours は your pen の意味を表す所有代名詞。

問3：How を使った感嘆文。How 形容詞［副詞］**S V**！の形。

問4：2つのもののうち，1つを取ってしまうと，残りは1つだけになって特定されるので，the other のように the が付きます。

問5：been と gone の違い。have **been** to 〜 は「〜に行ったことがある」，have **gone** to 〜 は「〜に行ってしまった」という意味。

問6：Let's の付加疑問文は shall we を使います。

問7：時・条件を表す副詞節の中では未来のことでも，現在形で表します。

問8：with は「〜を持って（いる）」。
（訳：私はプール付きの家に住みたい。）

問9：仮定法過去の文。could buy に着目して，過去形の② had を選びます。
（訳：もし今十分なお金を持っていたら，私はこの車を買えるのに。）

問10：「僕はおなかがすいていない」に対して，「僕もそうだ」と答える文。否定文のときは too や so を使わず，「**S** not **V**, either.」または「Neither[Nor] **V S**.」の形で「**S** もまた **V** しない」の意味を表します。

問11：「1-3-**6**-2-5-4」が正解。「Start right away, **or** you will miss the train. (今すぐ出ないと電車に乗り遅れますよ。)」となります。「命令文 , or **S** **V**.」は「‥‥‥しなさい, さもなければ**S**が**V**する」という意味。

問12：「3-5-**7**-2-4-6-1-8」が正解。「Nancy is so kind **that** she is liked by everyone. (ナンシーはとても親切なので誰からも好かれています。)」となります。so ... that **S** **V** は「とても…なので**S**は**V**する」という意味。

問13：「2-**4**-1-3-5」が正解。「Will you have **another** glass of milk? (ミルクをもう１杯いかがですか。)」となります。a glass of ～ は「１杯の～」, another ～ は「もう１つの～」という意味。

問14：「2-**4**-3-6-5-1」が正解。「What an **interesting** speech he is making! (彼はなんと面白い話をしているのでしょう。)」となります。what を使った感嘆文である, What a[an] 形容詞 名詞 **S** **V** ! の表現です。

問15：「4-2-**5**-6-3-1」が正解。「He left ten **minutes** before you came to this room. (彼は君がこの部屋に来る 10 分前に出た。)」となります。ten minutes のような時間の長さを表す語句は, before や after の前に置かれる点に注意。

解答

第１問	問1	②	問2	③	問3	①	問4	④	問5	②
	問6	③	問7	①	問8	③	問9	②	問10	③
第２問	問11	⑥	問12	⑦	問13	④	問14	④	問15	⑤

SCORE	1st TRY	2nd TRY	3rd TRY	CHECK YOUR LEVEL	▶ 0 ～ 7 点 ➡ *Work harder!*
	/15点	/15点	/15点		▶ 8 ～ 12 点 ➡ *OK!*
					▶ 13 ～ 15 点 ➡ *Way to go!*

口語表現 レベル②

☐1	What happened to you?	何があったの？
☐2	Can I have your address?	住所教えてくれる？
☐3	Would you like a cup of coffee?	コーヒーを1杯いかがですか？
☐4	What day of the week is it today?	今日は何曜日ですか？
☐5	Who is that man?	あの人は誰ですか？
☐6	How is the weather today?	今日の天気はどうですか？
☐7	Thank you very much.	どうもありがとう。
	= Thanks a lot.	
	—— Not at all.	どういたしまして。
☐8	How do you like Australia?	オーストラリアはどうですか？
☐9	I don't like his friend.	私は彼の友達が嫌いだ。
	—— Neither do I.	私も。
☐10	May I speak to Julia?	(電話で)ジュリアに代わっていただけますか？
☐11	Here is the change.	はい，おつりです。
☐12	I'm glad to see you.	あなたに会えてうれしい。
	= I'm pleased to meet you.	
☐13	Have a nice trip.	よい旅を。
☐14	I see.	なるほど。
☐15	I'm just looking.	(お店で)見ているだけです。
☐16	Please say that again.	もう一度言ってください。
☐17	Could you pass me the sugar?	砂糖をとってもらえますか？
☐18	I'm not good at swimming.	私は泳ぐのが下手です。
☐19	Wow, that sounds good.	ほう，それはよさそうですね。
☐20	What would you like?	何がいいですか？
☐21	This is Kelly speaking.	(電話で)こちら，ケリーです。
☐22	I got lost.	迷子になってしまった。
☐23	I would like to try that coat on.	あのコートを試着したいんですが。
☐24	Will you help me?	手伝ってくれる？
☐25	What day of the month is it today?	今日は何日ですか？
☐26	What a nice boy!	なんてよい少年なの！
☐27	Take it easy.	気楽に行こうよ。
☐28	May I take a message?	伝言をおうかがいしましょうか？
☐29	Will you show me another?	違うの見せてくれる？
☐30	Did you come here on foot?	ここまで歩いてきたの？

☐ 31	May I borrow your textbook?	教科書を借りてもいいですか？
☐ 32	Are you free today?	今日暇ですか？
☐ 33	Thank you for inviting me.	招待してくれてありがとう。
☐ 34	I'm thirsty.	のどが渇いた。
☐ 35	Do you like Chinese food?	中華料理は好きかい？
☐ 36	This fish is delicious.	この魚はうまい。
☐ 37	Where are you from?	出身はどちらですか？
☐ 38	You must not come in.	君は入ってはならない。
☐ 39	I'm interested in computers.	僕はコンピューターに興味がある。
☐ 40	She is able to walk.	彼女は歩くことができる。
☐ 41	Shall we dance? = Would you like to dance with me?	踊りませんか？
☐ 42	What's wrong with you?	どうしたの？
☐ 43	Don't be noisy.	静かにしろ。
☐ 44	May I use your telephone?	電話を借りてもいいですか？
☐ 45	I hope that it will be fine on Sunday.	日曜日には晴れるといいな。
☐ 46	How much is the watch?	あの時計はいくらですか？
☐ 47	How tall is he?	彼の背はどのくらいですか？
☐ 48	You should study hard.	一生懸命勉強すべきだよ。
☐ 49	What time do you get up?	君は何時に起きるの？
☐ 50	I feel better than yesterday.	僕は昨日より気分がいい。
☐ 51	May I go out?	出かけてもいい？
☐ 52	I like rock music the best.	僕はロックミュージックが一番好きだ。
☐ 53	Whose cat is that?	あれは誰の猫なの？
☐ 54	Does your brother have a bicycle?	君の弟は自転車を持っているの？
☐ 55	Which boy do you like the best?	どの男の子が一番好き？
☐ 56	I think that Tetsuya is very handsome.	私はテツヤはとてもハンサムだと思うよ。
☐ 57	Is there any post office near here?	この辺に郵便局はありませんか？
☐ 58	How many hours do you study everyday?	毎日何時間勉強するの？
☐ 59	It takes two hours to his house.	彼の家まで2時間かかる。
☐ 60	I don't have to study today.	私は今日は勉強しなくてもよい。
☐ 61	Do you have any plans for Saturday?	土曜日に予定は入ってますか？
☐ 62	How do you go back to your house?	あなたは家にどうやって帰るの？
☐ 63	I like tennis better than soccer.	私はサッカーよりテニスの方が好きだ。

単語・熟語リスト

▶ 本書の例題・例文・問題に登場した
重要な単語・熟語をチェック！

▼ Lesson 01　動詞

p.12-13

tired	(形)	疲れた
sun	(名)	太陽
pie	(名)	パイ

p.14-15

find O C	(動)	OがCだとわかる
volunteer	(名)	ボランティア
statue	(名)	像
secret	(名)	秘密

p.16

tomorrow	(副)	明日 (は)
reach 〜	(動)	〜に到着する
arrive at[in] 〜	(熟)	〜に到着する
= get to 〜		
plan	(名)	計画
discuss	(動)	〜について論じる
dollar	(名)	ドル
bicycle	(名)	自転車
cost A B	(動)	A(人)にB(お金)がかかる
miss the train	(熟)	電車に遅れる
catch the train	(熟)	電車に間に合う
take the train	(熟)	電車に乗る
pencil	(名)	鉛筆
lend 人 物	(動)	人に物を貸す
borrow	(動)	(無償で) 借りる
rent	(動)	賃貸借する

p.18

doctor	(名)	医者
make O C	(動)	OをCにする
so ... that S V	(構)	非常に…なのでSはVする
sleep	(動)	眠る
lie	(動)	横たわる
lay	(動)	横たえる
remember	(動)	覚えている
how to V	(熟)	Vする方法
French	(名)	フランス語
tell	(動)	伝える
say	(動)	言う
talk	(動)	おしゃべりをする
speak	(動)	話す

p.20

sing	(動)	歌う
seem ...	(動)	…に見える[思える]
guitar	(名)	ギター
give 人 物	(動)	人に物を与える
= give 物 to 人		
question	(名)	質問

p.22

country	(名)	田舎

go for a drive	(熟)	ドライブに行く
take (人) 時間	(動)	(人に) 時間がかかる
hear from 〜	(熟)	〜から便りがある
write to 〜	(熟)	〜に手紙を書く

▼ Lesson 02　助動詞

p.25

umbrella	(名)	傘
prepare	(動)	準備する

p.26-27

stay up late	(熟)	夜更かしする
snack	(名)	スナック菓子
enough	(副)	十分に

p.28

cannot[can't]	(助)	‥‥‥のはずがない
must not[mustn't]	(助)	‥‥‥してはならない
may	(助)	‥‥‥してよい, ‥‥‥だろう
must V	(助)	Vしなければならない
fever	(名)	熱
Shall we V ?	(構)	Vしましょう。
= Let's V.		
drown	(動)	おぼれる
straw	(名)	わら
will V	(助)	Vするものだ
river	(名)	川

p.30

dictionary	(名)	辞書
extremely	(副)	とても
interesting	(形)	おもしろい
should have Vpp	(熟)	Vすべきだったのに
must have Vpp	(熟)	Vしたにちがいない
something	(代)	何か
yesterday	(副)	昨日 (は)
Shall I V ?	(構)	Vしましょうか？
Yes, please.	(構)	はい, お願いします。
No, thank you.	(構)	いいえ, 結構です。

p.32

do one's best	(熟)	最善をつくす
as ... as 〜 can	(熟)	〜にできるだけ…
= as ... as possible		
noisy	(形)	騒がしい
take a walk	(熟)	散歩する
late at night	(熟)	夜遅く

p.34

May I V ?	(構)	Vしてもよろしいですか？
may	(助)	‥‥‥するかもしれない
would like to V	(熟)	Vしたいものだ
all over the world	(熟)	世界中で
airplane	(名)	飛行機
sunset	(名)	日没, 夕陽

☐ minute	(名)分	☐ blow	(動)吹く

☐ difficult	(形)難しい	☐ strongly	(副)強く

☐ experience	(名)経験	☐ stone	(名)石

☐ doing the dishes	(熟)皿を洗う	☐ build	(動)建てる
☐ dentist	(名)歯医者	☐ bridge	(名)橋
☐ car license	(名)運転免許	☐ be killed in ～	(熟)～で死ぬ

☐ mail	(動)手紙を出す	☐ accident	(名)事故
☐ remember Ving	(動)(過去に)Vしたことを覚えている	☐ surprise	(動)驚かせる
		☐ collect	(動)集める
☐ remember to V	(動)(未来に)Vすることを心に留めておく	☐ stamp	(名)切手
		☐ excite	(動)興奮させる
☐ where to V	(熟)どこでVするか	☐ throw	(動)投げる
☐ outside	(副)外で	☐ police	(名)警察
☐ catch a cold	(熟)風邪をひく	☐ look at ～	(熟)～を見る
☐ be careful to V	(熟)Vするように注意する	☐ under	(前)～の下に

☐ hungry	(形)腹の減った	☐ sign	(名)看板
☐ be proud of ～	(熟)～を誇りに思う	☐ leg	(名)足，脚

		☐ football	(名)フットボール
☐ be good at ～	(熟)～が得意である	☐ game	(名)試合
☐ without Ving	(熟)Vすることなしに，Vせずに	☐ have O C	(動)OをCにする
☐ so ... that S V	(構)非常に…なのでSはVする	☐ language	(名)言語
☐ go out	(熟)外出する		

☐ strange	(形)不思議な	☐ can	(名)カン
☐ ... enough to V	(熟)Vするほどに…，	☐ bottle	(名)ビン
= so ... as to V	Vするのに十分に…	☐ throw away	(熟)投げ捨てる
☐ get up	(熟)起きる	☐ city	(名)都市
☐ early	(副)早く	☐ dirty	(形)汚い
☐ thirsty	(形)のどが渇いた	☐ tall	(形)背の高い

		☐ gate	(名)門
☐ invite	(動)招待する	☐ cousin	(名)いとこ
☐ thank you for ～	(熟)～をありがとう		

☐ party	(名)パーティー	☐ enter	(動)入る
☐ look forward to Ving	(熟)Vするのを楽しみに待つ	☐ see ～ Ving	(動)～がVしているのを見る

		☐ see ～ Vpp	(動)～がVされるのを見る

☐ be fond of ～	(熟)～が好きである	☐ sit	(動)座る
☐ make ～ V	(構)～にVさせる	☐ in front of ～	(熟)～の前に
☐ have to V	(助)Vしなければならない	☐ rise	(動)昇る
☐ mind Ving	(構)Vするのを気にする	☐ top	(名)頂上
☐ something ... to V	(熟)何か…なVするもの	☐ beautiful	(形)美しい

☐ healthy	(形)健康な		
☐ tell ～ to V	(構)～にVするように言う		

☐ wear	(動)身につけている	☐ earn	(動)稼ぐ
☐ e-mail	(名)電子メール		

☐ send	(動)送る	☐ runner	(名)ランナー

		☐ amusement park	(名)遊園地

		☐ choir	(名)合唱団

☐ bark	(動)吠える	☐ ～ times as ... as ～	(構)～の□倍…だ
☐ yoga	(名)ヨガ	☐ fast	(副)速く
		☐ sweater	(名)セーター
		☐ person	(名)人
		☐ meet	(動)会う

付録

単語・熟語リスト

☐	the 最上級 名詞 (that)	(構) S が今までに V した中で一番…な〜
☐	useful	(形) 役に立つ

p.72

☐	not so[as] ... as 〜	(構) 〜ほど・・・ではない
☐	climate	(名) 気候
☐	mild	(形) 温暖な

p.74

☐	set	(動) (日が) 沈む
☐	view	(名) 景色

p.76

☐	day by day	(熟) 日ごとに
☐	比較級 and 比較級 = more and more 形容詞	(構) ますます…
☐	trip	(名) 旅行
☐	usually	(副) たいてい
☐	traffic	(名) 交通
☐	slow	(形) 遅い

▼ Lesson 06　関係詞

p.79

☐	colleague	(名) 同僚

p.81

☐	cancel	(動) 中止する
☐	believe	(動) 信じる

p.82

☐	marry	(動) 結婚する
☐	job	(名) 仕事
☐	sell	(動) 売る
☐	over there	(熟) あそこで，あそこに
☐	true	(形) 本当の
☐	respect	(動) 尊敬する

p.84

☐	village	(名) 村
☐	be born	(熟) 生まれる
☐	chance	(名) 機会
☐	be different from 〜	(熟) 〜と異なる
☐	quite	(副) 全く
☐	high school	(名) 高校
☐	what	(関) ・・・・・なこと
☐	what 〜 was	(構) 昔の〜
☐	photo	(名) 写真
☐	move	(動) 引っ越す

p.86

☐	publish	(動) 出版する
☐	delicious	(形) おいしい
☐	sentence	(名) 文
☐	this is why S V	(構) こういうわけで S は V する
☐	building	(名) 建物
☐	roof	(名) 屋根
☐	railroad	(名) 線路，鉄道
☐	church	(名) 教会

p.88

☐	a friend of mine	(熟) 私の友達
☐	engineer	(名) 技師

☐	machine	(名) 機械

▼ 中間テスト② (Lesson 04-06)

p.90-91

☐	player	(名) 選手
☐	supporter	(名) サポーター，支持者
☐	be surprised at 〜	(熟) 〜に驚く
☐	break	(動) 壊す
☐	the reason why S V	(構) S が V する理由
☐	surprise	(動) 驚かせる
☐	corner	(名) 隅，角
☐	make money	(熟) 稼ぐ
☐	safe	(形) 安全な
☐	classroom	(名) 教室

▼ Lesson 07　前置詞・接続詞

p.96-97

☐	impossible	(形) 不可能な
☐	break	(名) 休憩

p.98

☐	ceremony	(名) 式典
☐	drive	(動) 運転する

p.100

☐	come home	(熟) 家に帰る
☐	hour	(名) 時間
☐	in the morning	(熟) 午前中に
☐	come back	(熟) 戻る
☐	first	(形) 最初の
☐	period	(名) 時限
☐	begin	(動) 始まる
☐	kind	(形) 親切な

p.102

☐	glasses	(名) めがね
☐	hurry	(動) 急ぐ
☐	unless S V	(構) S が V しなければ
☐	quiet	(形) 静かな
☐	violin	(名) バイオリン

p.104

☐	gentleman	(名) 紳士
☐	husband	(名) 夫
☐	〜 times	(熟) 〜回

p.106

☐	necessary	(形) 必要な
☐	not only A but (also) B	(熟) A ばかりでなく B も

▼ Lesson 08　時制・仮定法

p.108

☐	go on a picnic	(熟) ピクニックに行く

p.111

☐	a lot of 〜	(熟) たくさんの〜

p.112

☐	breakfast	(名) 朝食
☐	have been to 〜	(構) 〜に行ったことがある
☐	have gone to 〜	(構) 〜に行ってしまった
☐	start	(動) 始まる

p.114

☐	as soon as S V	(構) S が V するとすぐに

☐ clean	(動) 掃除する
☐ weather	(名) 天気

p.116

☐ since	(前) ～以来
☐ melody	(名) メロディー
☐ have never Vpp	(構) これまでに一度も Vしたことがない
☐ die	(動) 死ぬ
☐ 期間 have passed since S Vp	
= it is 期間 since S Vp	(構) SがVしてから～の期間が経つ
☐ newspaper	(名) 新聞
☐ popular	(形) 人気がある

p.118

☐ it will not be long before S V	
= S will V soon	(構) 間もなくSはVするだろう
☐ before S V	(構) SがVする前に

▼ Lesson 09　名詞・代名詞

p.124

☐ not ..... all 複数名詞	(熟) すべての～が・・・・
= not ..... every 単数名詞	というわけではない
☐ there is something wrong with ～	(熟) ～はどこかおかしい，故障している
☐ there is nothing wrong with ～	(熟) ～はどこもおかしくない

p.126

☐ go to ～	(熟) ～に行く
☐ people	(名) 人々
☐ city hall	(名) 市役所
☐ by car	(熟) 車で
☐ on foot	(熟) 徒歩で

p.128

☐ change A for B	(熟) AをBと交換する
☐ Would you like ～?	(構) ～はいかがですか？
☐ across	(前) ～の向こう側に
☐ street	(名) 道
☐ save	(動) 救う
☐ son	(名) 息子
☐ all	(代) すべての物事

p.130

☐ map	(名) 地図
☐ be of use	(熟) 役に立つ
☐ sugar	(名) 砂糖
☐ a little	(形) 少しの
☐ a few	(形) 2，3の

▼ Lesson 10　その他

p.132-133

☐ department store	(名) デパート
☐ home	(副) わが家へ，故国へ

p.134

☐ bathtub	(名) 浴槽
☐ overflow	(動) あふれる
☐ turn off	(熟) (水・ガスなどを) 止める

☐ in time	(熟) 間に合って
☐ nearly	(副) もう少しで・・・・
= almost	しそうになる
☐ hardly	(副) ほとんど・・・・ない
= scarcely	
☐ elephant	(名) ゾウ
☐ Have you ever Vpp?	(構) 今までにVしたことがありますか？
☐ before	(副) 以前に
☐ already	(副) すでに
☐ once	(副) 一度
☐ then	(副) そのとき
☐ be caught in a shower	(熟) にわか雨に出くわす
☐ get wet to the skin	(熟) ずぶぬれになる
☐ on one's way home	(熟) 家に帰る途中
☐ such	(形) こんな，そんな
☐ take part in ～	(熟) ～に参加する

p.136

☐ ski	(動) スキーをする
☐ wife	(名) 妻
☐ too	(副) ～も
☐ either	(副) (否定文で) ～も
☐ theater	(名) 映画館
☐ parent	(名) 親
☐ concert	(名) コンサート

p.138

☐ fine	(形) 晴れた
☐ weekend	(名) 週末
☐ What is ～ like?	(構) ～はどのようなものですか？
☐ like	(前) ～のような
☐ foolish	(形) 馬鹿な
☐ upstairs	(副) 階上へ
☐ downstairs	(副) 階下へ
☐ at once	(熟) すぐに
☐ abroad	(副) 外国へ，外国で
☐ receive	(動) 受け取る

p.140

☐ either A or B	(構) AかBのどちらか
☐ neither A nor B	(構) AもBもどちらも・・・・ない
☐ both A and B	(構) AとBの両方
☐ Here is ～ .	(構) ここに～があります。
☐ There is ～ .	(構) ～がいる [ある]。
☐ not ..... at all	(構) 全く・・・・ない
☐ look ...	(動) …に見える

▼ 中間テスト③ (Lesson 07-10)

p.142-143

☐ ask	(動) ～に尋ねる
☐ go shopping	(熟) 買物に行く
☐ swimming pool	(名) プール
☐ hungry	(形) 空腹である
☐ Neither[Nor] V S.	(構) SもまたVしない。
☐ right away	(熟) すぐに

【訂正のお知らせはコチラ】
本書の内容に万が一誤りがございました場合は, 東進 WEB 書店 (https://www.toshin.com/books/) の本書ページにて随時お知らせいたしますので, こちらをご確認ください。☞

大学受験　レベル別問題集シリーズ

英文法レベル別問題集② 初級編【3訂版】

発行日： 2023年　12月 25日　　初版発行
　　　　　2024年　　5月 15日　　第2版発行

　著者：**安河内哲也**
発行者：**永瀬昭幸**

編集担当： 山村帆南
　発行所： 株式会社ナガセ
　　　　　〒180-0003 東京都武蔵野市吉祥寺南町 1-29-2
　　　　　出版事業部（東進ブックス）
　　　　　TEL：0422-70-7456 ／ FAX：0422-70-7457
　　　　　URL：http://www.toshin.com/books（東進 WEB 書店）
　　　　　※本書を含む東進ブックスの最新情報は東進WEB書店をご覧ください。

制作協力： 株式会社ティーシーシー（江口里菜）
編集協力： 木下千尋　　田中遼　　松本六花　　吉田美涼
校閲協力： Mark Wujek
DTP・装丁： 東進ブックス編集部
印刷・製本： 日経印刷株式会社

合格の秘訣1 全国屈指の実力講師陣

東進の実力講師陣
数多くのベストセラー参考書を執筆!!

東進ハイスクール・
東進衛星予備校では、
そうそうたる講師陣が君を熱く指導する!

　本気で実力をつけたいと思うなら、やはり根本から理解させてくれる一流講師の授業を受けることが大切です。東進の講師は、日本全国から選りすぐられた大学受験のプロフェッショナル。何万人もの受験生を志望校合格へ導いてきたエキスパート達です。

英語

本物の英語力をとことん楽しく!日本の英語教育をリードするMr.4Skills.

安河内 哲也先生
[英語]

100万人を魅了した予備校界のカリスマ。抱腹絶倒の名講義を見逃すな!

今井 宏先生
[英語]

爆笑と感動の世界へようこそ。「スーパー速読法」で難解な長文も速読即解!

渡辺 勝彦先生
[英語]

雑誌『TIME』やベストセラーの翻訳も手掛け、英語界でその名を馳せる実力講師。

宮崎 尊先生
[英語]

いつのまにか英語を得意科目にしてしまう、情熱あふれる絶品授業!

大岩 秀樹先生
[英語]

全世界の上位5%(PassA)に輝く、世界基準のスーパー実力講師!

武藤 一也先生
[英語]

関西の実力講師が、全国の東進生に「わかる」感動を伝授。

慎 一之先生
[英語]

数学

数学を本質から理解し、あらゆる問題に対応できる力を与える珠玉の名講義!

志田 晶先生
[数学]

論理力と思考力を鍛え、問題解決力を養成。多数の東大合格者を輩出!

青木 純二先生
[数学]

「ワカル」を「デキル」に変える新しい数学は、君の思考力を刺激し、数学のイメージを覆す!

松田 聡平先生
[数学]

明快かつ緻密な講義が、君の「自立した数学力」を養成する!

寺田 英智先生
[数学]

付録 1

WEBで体験

東進ドットコムで授業を体験できます！
実力講師陣の詳しい紹介や、各教科の学習アドバイスも読めます。
www.toshin.com/teacher/

国語

「脱・字面読み」トレーニングで、「読む力」を根本から改革する！
興水 淳一先生 [現代文]

明快な構造板書と豊富な具体例で必ず君を納得させる！「本物」を伝える現代文の新鋭。
西原 剛先生 [現代文]

東大・難関大志望者から絶大なる信頼を得る本質の指導を追究。
栗原 隆先生 [古文]

ビジュアル解説で古文を簡単明快に解き明かす実力講師。
富井 健二先生 [古文]

縦横無尽な知識に裏打ちされた立体的な授業に、グングン引き込まれる！
三羽 邦美先生 [古文・漢文]

幅広い教養と明解な具体例を駆使した緩急自在の講義。漢文が身近になる！
寺師 貴憲先生 [漢文]

小論文、総合型、学校推薦型選抜のスペシャリスト、君の学問センスを磨き、執筆プロセスを直伝！
正司 光範先生 [小論文]

文章で自分を表現できれば、受験も人生も成功できますよ。「笑顔と努力」で合格を！
石関 直子先生 [小論文]

理科

正しい道具の使い方で、難問が驚くほどシンプルに見えてくる！
宮内 舞子先生 [物理]

化学現象を疑い化学全体を見通す"伝説の講義"は東大理三合格者も絶賛。
鎌田 真彰先生 [化学]

「なぜ」をとことん追究！「規則性」「法則性」が見えてくる大人気の授業。
立脇 香奈先生 [化学]

「いきもの」をこよなく愛する心が君の探究心を引き出す！生物の達人。
飯田 高明先生 [生物]

地歴公民

歴史の本質に迫る授業と、入試頻出の「表解板書」で圧倒的な信頼を得る！
金谷 俊一郎先生 [日本史]

つねに生徒と同じ目線に立って、入試問題に対する的確な思考法を教えてくれる。
井之上 勇先生 [日本史]

"受験世界史に荒巻あり"と言われる超実力人気講師！世界史の醍醐味を。
荒巻 豊志先生 [世界史]

世界史を「暗記」科目だなんて言わせない。正しく理解すれば必ず伸びることを一緒に体感しよう。
加藤 和樹先生 [世界史]

どんな複雑な歴史も難問も、シンプルな解説で本質から徹底理解できる。
清水 裕子先生 [世界史]

わかりやすい図解と統計の説明に定評。
山岡 信幸先生 [地理]

政治と経済のメカニズムを論理的に解明しながら、入試頻出ポイントを明確に示す。
清水 雅博先生 [公民]

「今」を知ることは「未来」の扉を開くこと。受験に留まらず、目標を高く、そして強く持て！
執行 康弘先生 [公民]

※書籍画像は2024年3月末時点のものです。

合格の秘訣② ココが違う 東進の指導

01 人にしかできないやる気を引き出す指導

夢と志は志望校合格への原動力!

夢・志を育む指導

東進では、将来を考えるイベントを毎月実施しています。夢・志は大学受験のその先を見据える、学習のモチベーションとなります。仲間とワクワクしながら将来の夢・志を考え、さらに志を言葉で表現していく機会を提供します。

一人ひとりを大切に君を個別にサポート

担任指導

東進が持つ豊富なデータに基づき君だけの合格設計図をともに考えます。熱誠指導でどんな時でも君のやる気を引き出します。

受験は団体戦! 仲間と努力を楽しめる

チーム制

東進ではチームミーティングを実施しています。週に1度学習の進捗報告や将来の夢・目標について語り合う場です。一人じゃないから楽しく頑張れます。

現役合格者の声

東京大学 文科一類
中村 誠雄くん
東京都 私立 駒場東邦高校卒

林修先生の現代文記述・論述トレーニングは非常に良質で、大いに受講する価値があると感じました。また、担任指導やチームミーティングは心の支えでした。現状を共有でき、話せる相手がいることは、東進ならではで、受験という本来孤独な闘いにおける強みだと思います。

02 人間には不可能なことを AI が可能に

学力×志望校 一人ひとりに最適な演習をAIが提案!

AI演習

東進の AI 演習講座は 2017 年から開講していて、のべ 100 万人以上の卒業生の、200 億題にもおよぶ学習履歴や成績、合否等のビッグデータと、各大学入試を徹底的に分析した結果等の教務情報をもとに年々その精度が上がっています。2024 年には全学年に AI 演習講座が開講します。

■AI演習講座ラインアップ

高3生 苦手克服&得点力を徹底強化!
「志望校別単元ジャンル演習講座」
「第一志望校対策演習講座」
「最難関4大学特別演習講座」

高2生 大学入試の定石を身につける!
「個人別定石問題演習講座」

高1生 素早く、深く基礎を理解!
「個人別基礎定着問題演習講座」 2024年夏 新規開講

現役合格者の声

千葉大学 医学部医学科
寺嶋 伶旺くん
千葉県立 船橋高校卒

高1の春に入学しました。野球部と両立しながら早くから勉強をする習慣がついていたことは僕が合格した要因の一つです。「志望校別単元ジャンル演習講座」は、AIが僕の苦手を分析して、最適な問題演習セットを提示してくれるため、集中的に弱点を克服することができました。

03 本当に学力を伸ばすこだわり

楽しい！わかりやすい！そんな講師が勢揃い

実力講師陣

わかりやすいのは当たり前！おもしろくてやる気の出る授業を約束します。1・5倍速×集中受講の高速学習。そして、12レベルに細分化された授業を組み合わせ、スモールステップで学力を伸ばす君だけのカリキュラムをつくります。

英単語1800語を最短1週間で修得！

高速マスター

基礎・基本を短期間で一気に身につける「高速マスター基礎力養成講座」を設置しています。オンラインで楽しく効率よく取り組めます。

本番レベル・スピード返却 学力を伸ばす模試

東進模試

常に本番レベルの厳正実施。合格のために何をすべきか点数でわかります。WEBを活用し、最短中3日の成績表スピード返却を実施しています。

パーフェクトマスターのしくみ

合格したら次の講座へステップアップ

授業	確認テスト	講座修了判定テスト
知識・概念の **修得**	知識・概念の **定着**	知識・概念の **定着**

毎授業後に確認テスト | 最後の講の確認テストに合格したら挑戦！

現役合格者の声

早稲田大学 基幹理工学部
津行 陽奈さん
神奈川県 私立 横浜雙葉高校卒

私が受験において大切だと感じたのは、長期的な積み重ねです。基礎力をつけるために「高速マスター基礎力養成講座」や授業後の「確認テスト」を満点にすること、模試の復習などを積み重ねていくことでどんどん合格に近づき合格することができたと思っています。

ついに登場！

君の高校の進度に合わせて学習し、定期テストで高得点を取る！

高等学校対応コース

目指せ！「定期テスト」**20点アップ！**
「先取り」で学校の勉強がよくわかる！

楽しく、集中が続く、授業の流れ

1. 導入

授業の冒頭では、講師と担任助手の先生が今回扱う内容を紹介します。

2. 授業

約15分の授業でポイントをわかりやすく伝えます。要点はテロップでも表示されるので、ポイントがよくわかります。

3. まとめ

授業が終わったら、次は確認テスト。その前に、授業のポイントをおさらいします。

合格の秘訣3 東進模試

申込受付中
※お問い合わせ先は付録7ページをご覧ください。

学力を伸ばす模試

本番を想定した「厳正実施」
統一実施日の「厳正実施」で、実際の入試と同じレベル・形式・試験範囲の「本番レベル」模試。
相対評価に加え、絶対評価で学力の伸びを具体的な点数で把握できます。

12大学のべ42回の「大学別模試」の実施
予備校界随一のラインアップで志望校に特化した"学力の精密検査"として活用できます(同日・直近日体験受験を含む)。

単元・ジャンル別の学力分析
対策すべき単元・ジャンルを一覧で明示。学習の優先順位がつけられます。

最短中5日で成績表返却 WEBでは最短中3日で成績を確認できます。※マーク型の模試のみ

合格指導解説授業 模試受験後に合格指導解説授業を実施。重要ポイントが手に取るようにわかります。

2024年度
東進模試 ラインアップ

共通テスト対策
- 共通テスト本番レベル模試 　全4回
- 全国統一高校生テスト (全学年統一部門)(高2生部門)(高1生部門) 　全2回

同日体験受験
- 共通テスト同日体験受験 　全1回

記述・難関大対策
- 早慶上理・難関国公立大模試 　全5回
- 全国有名国公私大模試 　全5回
- 医学部82大学判定テスト 　全2回

基礎学力チェック
- 高校レベル記述模試 (高2)(高1) 　全2回
- 大学合格基礎力判定テスト 　全4回
- 全国統一中学生テスト (全学年統一部門)(中2生部門)(中1生部門) 　全2回
- 中学学力判定テスト (中2生)(中1生) 　全4回

※ 2024年度に実施予定の模試は、今後の状況により変更する場合があります。
　 最新の情報はホームページでご確認ください。

大学別対策
- 東大本番レベル模試 　全4回
- 高2東大本番レベル模試 　全4回
- 京大本番レベル模試 　全4回
- 北大本番レベル模試 　全2回
- 東北大本番レベル模試 　全2回
- 名大本番レベル模試 　全3回
- 阪大本番レベル模試 　全3回
- 九大本番レベル模試 　全3回
- 東工大本番レベル模試[第1回] 東京科学大本番レベル模試[第2回] 　全2回
- 一橋大本番レベル模試 　全2回
- 神戸大本番レベル模試 　全2回
- 千葉大本番レベル模試 　全1回
- 広島大本番レベル模試 　全1回

同日体験受験
- 東大入試同日体験受験 　全1回
- 東北大入試同日体験受験 　全1回
- 名大入試同日体験受験 　全1回

直近日体験受験 　各1回
- 京大入試 直近日体験受験
- 北大入試 直近日体験受験
- 阪大入試 直近日体験受験
- 九大入試 直近日体験受験
- 東京科学大入試 直近日体験受験
- 一橋大入試 直近日体験受験

2024年 東進現役合格実績
受験を突破する力は未来を切り拓く力!

現役生のみ!講習生を含まず!

東大 現役合格 実績日本一 ※1 6年連続800名超!

※1 2023年東大現役合格実績をホームページ・パンフレット・チラシ等で公表している予備校の中で最大(2023年JDnet調べ)。

東大834名

文科一類 118名	理科一類 300名
文科二類 115名	理科二類 121名
文科三類 113名	理科三類 42名
学校推薦型選抜 25名	

現役合格者の36.5%が東進生!

東京大学 現役合格おめでとう!!

東進生現役占有率 834 / 2,284
36.5%
全現役合格者に占める東進生の割合
2024年の東大全体の現役合格者は2,284名。東進の現役合格者は834名。東進生の占有率は36.5%。現役合格者の2.8人に1人が東進生です。

学校推薦型選抜も東進!
東大25名
学校推薦型選抜現役合格者の**27.7%**が東進生!

推薦入試での東進生現役占有率 27.7%

法学部	4名	工学部	8名
経済学部	1名	理学部	4名
文学部	1名	薬学部	2名
教育学部	1名	医学部医学科	1名
教養学部	3名		

京大493名 昨対+21名

総合人間学部 23名	医学部人間健康科学科 20名
文学部 37名	薬学部 14名
教育学部 10名	工学部 161名
法学部 56名	農学部 43名
経済学部 49名	特色入試 (上記に含む) 24名
理学部 52名	
医学部医学科 28名	

493名 史上最高!※2 現役生のみ!講習生を含まず! 472名 468名 '22 '23 '24

早慶5,980名 昨対+239名

早稲田大 3,582名 史上最高!※2		慶應義塾大 2,398名 史上最高!※2	
政治経済学部 472名		法学部	290名
法学部	381名	経済学部	368名
商学部	297名	商学部	487名
文化構想学部 276名		理工学部 576名	
理工学部	752名	文学部	39名
他	1,431名	他	638名

5,980名 史上最高!※2 現役生のみ!講習生を含まず! 5,741名 5,678名 '22 '23 '24

医学部医学科 1,800名 昨対+9名

国公立医・医 1,033名 防衛医科大学校を含む	
私立医・医 767名	

1,800名 史上最高!※2 現役生のみ!講習生を含まず! 1,791名 1,658名 '22 '23 '24

国公立医・医1,033名 防衛医科大学校を含む

東京大 43名	名古屋大 28名	筑波大 21名	横浜市立大 14名
京都大 28名	大阪大 23名	千葉大 21名	神戸大 30名
北海道大 18名	九州大 23名	東京医科歯科大 21名	浜松医科大 19名
東北大 28名			その他
		大阪公立大 12名	国公立医・医 700名

私立医・医767名 昨対+40名 史上最高!※2

自治医科大 32名	慶應義塾大 39名	東京慈恵会医科大 30名	関西医科大 49名
国際医療福祉大 80名	順天堂大 52名	日本医科大 42名	その他 私立医・医 443名

旧七帝大 +東工大 一橋大 神戸大 4,599名

東京大 834名	東北大 389名	九州大 487名	一橋大 219名
京都大 493名	名古屋大 379名	東京工業大 219名	神戸大 483名
北海道大 450名	大阪大 646名		

上理明青立法中21,018名

上智大 1,605名	青山学院大 2,154名	法政大 3,833名
東京理科大 2,892名	立教大 2,730名	中央大 2,855名
明治大 4,949名		

国公立大16,320名

※2 史上最高=東進のこれまでの実績の中で最大。

関関同立13,491名

関西学院大 3,139名	同志社大 3,099名	立命館大 4,477名
関西大 2,776名		

国公立 総合・学校推薦型選抜も東進!

旧七帝大 +東工大・一橋大・神戸大 434名

東京大 25名	大阪大 57名		
京都大 24名	九州大 38名		
北海道大 24名	東京工業大 30名		
東北大 119名	一橋大 10名		
名古屋大 65名	神戸大 42名		

国公立医・医319名

国公立大学の総合型・学校推薦型選抜の合格実績は、指定校推薦を除く、早稲田塾を含まない東進ハイスクール・東進衛星予備校の現役生のみの合同実績です。

日東駒専9,582名

日本大 3,560名	東洋大 3,575名	駒澤大 1,070名	専修大 1,377名

産近甲龍6,085名

京都産業大 614名	近畿大 3,686名	甲南大 669名	龍谷大 1,116名

ウェブサイトでもっと詳しく 東進 🔍検索

各大学の合格実績は、東進ネットワーク(東進ハイスクール、東進衛星予備校、早稲田塾)の現役生のみ、高3在籍者のみの合同実績です。一人で複数合格した場合は、それぞれの合格者数に計上しています。

※2024年4月現在